AF502254

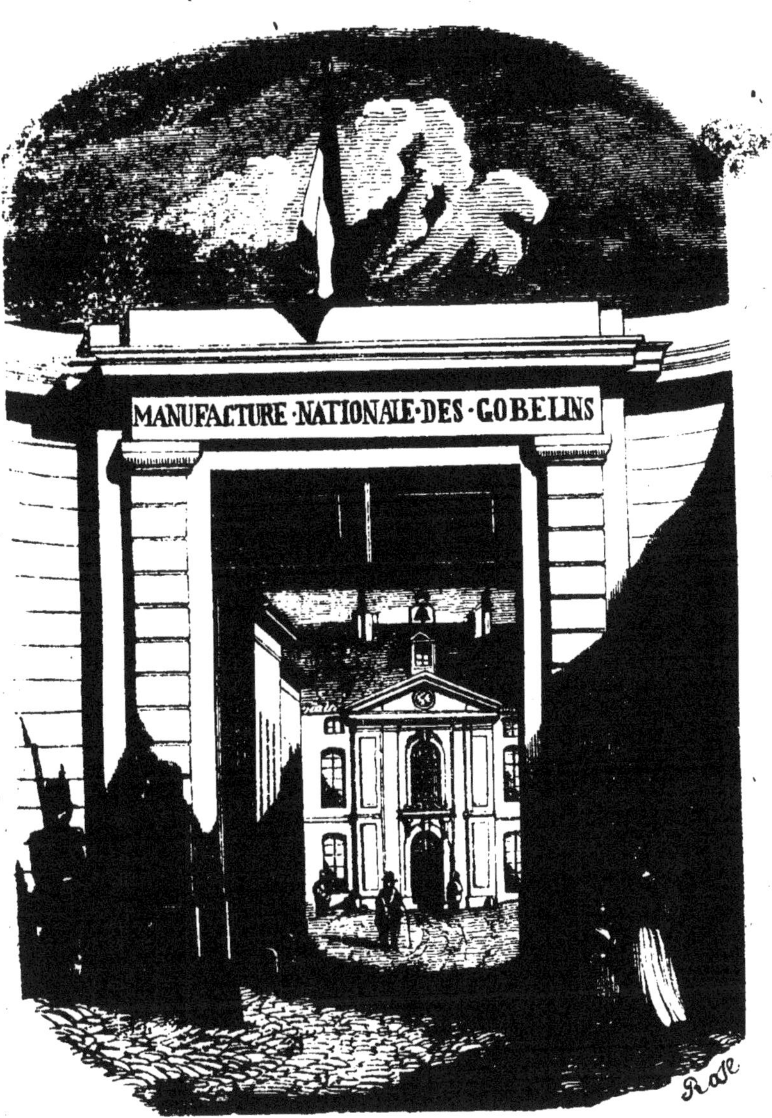

Se trouve

A LA MANUFACTURE DES GOBELINS

A LA LIBRAIRIE ENCYCLOPÉDIQUE DE RORET

Rue Hautefeuille, 12

ET CHEZ TECHENER, LIBRAIRE, PLACE DU LOUVRE

NOTICE

SUR L'ORIGINE ET LES TRAVAUX

DES MANUFACTURES

DE TAPISSERIE ET DE TAPIS

RÉUNIES

AUX GOBELINS

DE L'IMPRIMERIE DE CRAPELET
RUE DE VAUGIRARD, 9

NOTICE

SUR L'ORIGINE ET LES TRAVAUX

DES MANUFACTURES

DE TAPISSERIE ET DE TAPIS

RÉUNIES

AUX GOBELINS

ET CATALOGUE DES TAPISSERIES QUI Y SONT EXPOSÉES

PAR

A. L. LACORDAIRE

Directeur de cet établissement

PRIX 1 FRANC

AU PROFIT DE LA CAISSE DES RETRAITES DE LA MAISON

PARIS

A LA MANUFACTURE DES GOBELINS

A LA LIBRAIRIE ENCYCLOPÉDIQUE DE RORET

Rue Hautefeuille, 12

ET CHEZ TECHENER, LIBRAIRE, 20, PLACE DU LOUVRE

1852

Les manufactures des Gobelins et de la Savonnerie ont, depuis longues années, atteint une supériorité et une renommée devant lesquelles toute rivalité s'évanouit; c'est le secret de leur conservation malgré les vicissitudes des temps. Cependant l'histoire de ces établissements, si intimement liée à celle des arts, était encore à faire; un ouvrage sur cette importante matière, dont ce livret ne présente qu'une courte analyse, est actuellement sous presse.

Paris, le 1er janvier 1852.

NOTICE

SUR L'ORIGINE ET LES TRAVAUX

DES MANUFACTURES

DE TAPISSERIE ET DE TAPIS

RÉUNIES

AUX GOBELINS.

On n'est pas fixé sur l'époque de l'introduction en France de l'art de fabriquer les tapisseries; l'opinion la plus accréditée la fait remonter au IXe siècle, et suppose cette industrie originaire de l'Orient, où, dès la plus haute antiquité, on savait, par la combinaison de fils colorés, produire des tissus imitant la peinture: les villes de Babylone, de Tyr, de Sidon, de Pergame, de Milet, de Carthage, se sont rendues célèbres dans ce genre de fabrication. De quelle nature étaient ces tissus, ornés, pour la plupart, de représentations d'objets naturels ou fantastiques, et quelle était leur analogie avec les tapisseries historiées, produits de la fabrication moderne? Ce sont des questions auxquelles il est difficile de donner une réponse satisfaisante, l'antiquité n'ayant, à ce sujet, laissé qu'un petit nombre de détails qui, dans une telle recherche, ne peuvent suppléer aux monuments, c'est-à-dire aux tissus eux-mêmes[1] dont aucun fragment n'est

1. Le métier sur lequel ils s'exécutaient est l'une des inventions primitives qu'on retrouve chez tous les peuples, et paraît avoir été le plus anciennement mis en usage pour opérer un tissu quelconque. Ce métier, à chaîne verticale, perfectionné dans la suite des âges, est encore employé aujourd'hui à la manufacture des Gobelins sous le nom de métier à *haute lisse*. Les Egyptiens furent, dit-on, les premiers

parvenu jusqu'à nous. Ce qu'on sait de plus certain, c'est que les étoffes de soie brochées et ornées de figures, dont se paraient, dans le moyen âge, le clergé, les princes, la haute noblesse, étaient toutes importées du Levant. On conserve encore dans quelques églises des tissus de cette nature, la chape de saint Mesme, à Chinon; le suaire de saint Germain, à Auxerre, etc.[1], qui paraissent remonter aux premiers siècles de l'ère chrétienne. De ces tissus aux tapisseries historiées ou tableaux de laine, la transition a pu s'effectuer silencieusement, pendant une longue période, à l'ombre des cloîtres et des cathédrales, auxquels ce genre de décoration intérieure est si parfaitement approprié. Dès le IXe siècle, saint Angelme de Norvége, évèque d'Auxerre, mort en 840, faisait exécuter pour son église un grand nombre de tapis[2]; vers 985 les religieux de l'abbaye de Saint-Florent de Saumur fabriquaient eux-mêmes, dans leur enclos, des tapisseries et diverses sortes d'étoffes[3]; en 1025 la ville de Poitiers avait des ateliers de tapisserie; Reims, Troyes, Beauvais, Aubusson, Felletin, etc., ont également vu, de très-bonne heure, cette industrie se naturaliser chez elles.

L'origine orientale, contestable en ce qui concerne les tapisseries, l'est beaucoup moins pour les tapis veloutés qui, de tout temps, ont été l'objet d'un commerce considérable entre l'Orient et l'Occident; les plus anciens fabricants de tapis en France portaient le nom de *sarrazinois*; ce sont les véritables ancêtres des artistes actuels de la Savonnerie (manufacture réunie aux Gobelins, en 1826); dès le XIIe siècle, sous le règne de Philippe Auguste, ils formaient à Paris une importante corporation qui avait ses statuts et qui, entre autres priviléges, jouissait gratuitement de l'exemption de faire le guet. Ils s'adjoignirent plus tard les fabricants de tapisserie de haute lisse nommés pour la première fois, en

qui, pour faciliter la fabrication des soies et des tissus ordinaires, disposèrent différemment la chaîne et le travail, en rendant le métier horizontal : de là, par opposition, le nom de métier à *basse lisse* qui lui a été donné.

1. Décrits dans le *Bulletin monumental* et dans le *Rudiment d'archéologie* de M. de Caumont.

2. Le Bœuf, *Histoire d'Auxerre*; le père Labbe, *Histoire de l'église d'Auxerre*.

3. DD. Martenne et Durand (*Hist. monast. S. Florenti Salm.*

1302, dans les statuts ou règlements de la maîtrise auxquels plusieurs articles furent ajoutés pour leur incorporation[1]. Les tapissiers sarrazinois et les tapissiers hauts lissiers formèrent un corps à part, jusqu'en 1625, époque à laquelle on les réunit à d'autres corps de métier qui n'avaient avec eux qu'une affinité très-éloignée : les couverturiers-nôtrés-sergiers, les courtepointiers-coutiers. Ces trois classes jouissaient des mêmes priviléges; le corps entier avait quatre patrons, saint Louis; sainte Geneviève, patronne de Paris; saint Sébastien, martyr, et saint François d'Assise. On ne célébrait solennellement que la fête de saint Louis[2].

La fabrication des tapisseries était exclusivement du domaine de l'industrie privée lorsque François I[er][3] fit venir de Flandre et d'Italie quelques maîtres tapissiers et établit à Fontainebleau une fabrique de tapisserie de haute lisse, sous la direction de Philbert Babou, sieur de La Bourdaizière, surintendant des bâtiments royaux[4], et de Sébastien Serlio son peintre et *architecteur* ordinaire[5]. Quelques-uns des peintres, appelés en assez grand nombre pour décorer le château de Fontainebleau, furent chargés de l'exécution des modèles qui étaient, pour la plupart, de simples reproductions, sur papier, des peintures faisant partie de la décoration du château. Les comptes des dépenses royales, de 1540 à 1550[6], font à ce sujet plusieurs fois mention de Claude Badouyn,

1. Ces nouveaux articles, ajoutés en 1302 aux statuts de 1277-1280, par le prévôt Pierre Le Jumeau, sont ainsi motivés : « Après ce, discort fut meu entre les tapiciers sarrazinois devant diz d'une part, et une autre manière de tapiciers que l'on appelle *ouvriers en la haute-lice*, d'autre part sur ce que les mestres des tapiciers sarrazinois disoient et maintenoient contre les ouvriers en la haute-lice, que ils ne pooient ne ne devoient ouvrer en la ville de Paris jusques à ce qu'ils fussent jurez et serementez, aussi comme ils sont de tenir et garder tous les poinz de l'ordenance dudit mestier, en la manière qu'il est contenu ès lettres dessus transcriptes et ou registre du Chastelet, etc., etc. »

2. La chapelle de la manufacture des Gobelins est sous l'invocation de saint Louis.

3. « Si quelqu'un des prédécesseurs de François Ier établit des manufactures à Paris ou aux environs, je n'en trouve rien nulle part. » (Sauval, *Histoire des Antiquités de la ville de Paris*, l. IX.)

4. Nommé par lettres patentes du 22 janvier 1535, Nicolas de Neufville, sieur de Villeroy, lui fut adjoint un peu plus tard.

5. Nommé par ordonnance du 27 décembre 1541.

6. De La Borde, *De la renaissance des arts à la cour de France, ou Études sur le XVIe siècle.*

peintre, comme chargé habituellement de ces sortes de travaux[1].

Ils donnent aussi les noms de quinze maîtres tapissiers recevant du roi la soie, la laine, l'or et l'argent filé, matières premières de leur fabrication, et payés selon leur talent, de dix à quinze livres par mois[2]; ils étaient sous l'inspection particulière et quotidienne de Salomon de Herbaines[3], maître tapissier du roi, ayant la garde des meubles et tapisseries du château de Fontainebleau, chargé de surveiller et de stimuler tout le personnel employé à l'achèvement et à la décoration du château.

Les tentures françaises s'enrichirent à cette époque d'un luxe nouveau, par les rehauts d'or et d'argent introduits dans leur texture, mais plus encore par les travaux des premiers peintres du temps, parmi lesquels on compte Francesco Primaticcio, dit le Primatice, architecte et sculpteur appelé d'Italie par François Ier[4]. « Comme le Primatice était fort pratique à

1. « Audit Badouyn paintre pour avoir vaqué à faire des patrons sur grand papier, suivant certains tableaux estans en la grande gallerie dudit lieu, pour servir de patrons à ladite tapisserie, à raison de vingt livres par mois. » (De La Borde, *Études sur le* XVIe *siècle*.) Lucas Romain, Charles Carmoy, Francisque Cachenemis et Jean-Baptiste Baignequeval, peintres, sont aussi désignés « pour avoir vaqué tant aux patrons de la tapisserie qu'à d'autres ouvrages de peinture. »

2. « A Salomon et Pierre de Herbaines frères maistres tapissiers ayant la garde des tapisseries du roi du château de Fontainebleau, la somme de deux cent quarante livres pour leurs gages de une année, à cause de leurdite charge.

« A Jean Le Bries tapissier de haute-lisse pour avoir vacqué esdits ouvrages de tapisseries de haute-lisse, suivant les patrons et ouvrages de stuc et painture de la grande gallerie dudit château de Fontainebleau, à raison de douze livres dix sous par mois.

« A Jean Le Gouyn, tapissier de haute-lisse pour avoir vacqué à recouldre et regarnir les tapisseries qui estoient gastées, assavoir une chambre de tapisserie de l'histoire du purgatoire d'Amours contenant huit pièces ; une autre chambre de tapisserie du romant de la Rose contenant cinq pièces ; une autre chambre de tapisserie de l'histoire de Jules César, aussi contenant cinq pièces ; une autre chambre de tapisserie de l'histoire de Gédéon contenant onze pièces ; quatre grandes pièces de l'histoire d'Alexandre, à raison de dix livres par mois.

« A .... Pierre de Bries quinze livres par mois ; Jean Marchais treize livres par mois ; Jean Desbouts, Louis du Rocher, Claude Le Pelletier, Pierre Philbert, douze livres dix sous par mois ; Pasquier Mailly, Nicolas Eustace, Nicolas Gaillard, douze livres par mois ; Jean Texier, Pierre Blassay, dix livres par mois. » (*Ibid.*)

3. Nommé par ordonnance du 21 avril 1543. (*Ibid.*)

4. Nommé surintendant des bâtiments royaux par le roi François II le 12 juillet 1559. (*Ibid.*)

dessiner, il fit un si grand nombre de dessins et avait sous lui tant d'habiles hommes que, tout d'un coup, il parut en France une infinité d'ouvrages d'un meilleur goût que ceux qu'on avait vus auparavant.... il se trouve même des tapisseries du dessin de Primatice. Il y en a une tenture à l'hôtel de Condé, peinte sur de la toile d'argent, avec des couleurs claires, qui était autrefois à Montmorency[1]. » L'impulsion donnée par François Ier à l'art des tapisseries ne s'arrêta pas à la création des ateliers de Fontainebleau : par de nombreuses commandes, il sut encourager les fabriques de Paris et même celles de Flandre, desquelles il acheta, moyennant vingt-deux mille écus, des tapisseries regardées alors comme le chef-d'œuvre des ouvriers de ce pays, *les batailles de Scipion*, d'après Jules Romain ; collection que Henri II compléta quelques années après par *le triomphe de Scipion* exécuté en tapisserie sur les cartons du même peintre.

Henri II conserva l'établissement fondé à Fontainebleau par François Ier et en confia la direction générale à Philibert de Lorme, surintendant des bâtiments royaux et son architecte ordinaire ; il créa aussi, à l'hôpital de la Trinité[2], une fabrique de tapisseries qui, par suite de la concession de divers priviléges, parvint rapidement à une grande prospérité. Parmi les tapisseries remarquables sorties de ces nouveaux ateliers, Sauval cite celles de Saint-Merry, exécutées en 1594 sur les dessins de Lerambert, par un maître tapissier nommé *Dubourg* : « Henri IV, dit-il, les ayant été voir et les ayant trouvées à son gré, résolut de rétablir à Paris les manufactures de tapisseries que les désordres des règnes précédents avaient abolies.... »

1. Félibien. (*Entretiens sur les vies et les ouvrages des plus excellents peintres anciens et modernes.*)

2. Fondé à Paris dans le XIe siècle et supprimé au commencement de la révolution, occupait la plus grande partie de l'îlot compris entre les rues Saint-Denis, Grénétat et Guérin-Boisseau. On y entretenait cent trente-six orphelins dont cent garçons et trente-six jeunes filles dits *les enfants bleus*, à cause de la couleur de leurs vêtements : ils apprenaient à lire, à écrire, puis un métier. Grâce au zèle des administrateurs de cette maison, son enclos devint un lieu privilégié : les artisans du dehors, qui venaient s'y établir, gagnaient la maîtrise, à la seule condition de montrer leur état aux enfants orphelins qui devenaient alors fils de maîtres.

Cette *abolition* était plus réelle encore pour l'industrie des tapis, car, en 1604, il se présenta devant les commissaires nommés par Henri IV pour s'enquérir de l'état du commerce et des manufactures, un nommé Jehan Fortier ou Fourtier, qui put se dire et être légalement reconnu inventeur de l'art de faire les tapis façon de Turquie, à fond d'or, soie et laine[1].

Un maître tapissier beaucoup plus connu, Pierre du Pont, établi par le roi, en 1604, dans les galeries du Louvre où il dirigeait un atelier de tapis *à la mode de Turquie*, s'exprime ainsi au sujet de cette complète décadence de l'ancienne fabrication des tapis sarrasinois : « De savoir de quelle fabrique ni de quelle étoffe[2] étoient faits lesdits tapis, on n'en peut que juger.... tant y a que cette manufacture, si c'est la même estant manquée en ce pays, soit qu'elle soit demeurée entre les Turcs, soit qu'elle ait été perdue depuis ce temps, nous la voyons néanmoins estre relevée et rétablie avec plus de perfection qu'elle n'a jamais esté et qu'elle n'est en la Turquie[3].... »

Dès que le rétablissement de la paix dans le royaume permit de songer aux arts et au commerce, Henri IV, qui se faisait honneur de marcher sur les traces de François Ier, établit des manufactures de soie, de tapisseries, de verrerie, de faïence, non sans une vive opposition de son ministre Sully, plus particulièrement placé au point de vue des

1. « Sur la proposition faite par Jehan Fortier aux commissaires deputtez par le roy, sur le fait du commerce, pour establir en ceste ville de Paris et aultres de ce royaume la manufacture des tapis de Turquie, quérins (*cairins*, du Caire en Égypte), persiens et aultres *de nouvelle invention*, enrichiz de diverses figures d'animaux et personnaiges jusques ici incogneues, sur laquelle, advant que passer oultre audit establissement, auroit, par lesdits commissaires, este ordonné qu'il feroit des espreuves de son art et expérience; veu lesdites espreuves et patrons par luy faits desdicts tapiz tant de la façon ordinaire qu'aultres de la nouvelle invention, présentez à Sa Majesté qui les a eu agréables, etc., etc. » — Deliberation du vendredi 23 juillet 1604. (*Documents historiques inédits* publiés par M. Champollion-Figeac.)

2. On designait ainsi les matières premières servant à la confection des tapisseries.

3. *Stromatourgie*, ou de l'excellence de la manufacture des tapis de Turquie, nouvellement établie en France, sous la conduite du noble homme P. du Pont, tapissier du roy esdits ouvrages. Paris, 1633

finances et de l'économie[1]; des tapissiers de haute lisse furent installés, en 1597, sous la direction de Laurent, *excellent tapissier* (dit Sauval), dans la maison professe des jésuites, au faubourg Saint-Antoine, vacante depuis l'expulsion de ces religieux. Laurent recevait « un écu par jour et cent livres de gages, et comme il avait quatre apprentis, leur pension fut taxée à dix sols tous les jours pour chacun. Quant aux compagnons qui travaillaient sous lui, les uns gagnaient vingt-cinq sols, les autres trente, les autres quarante. Avec le temps, Dubourg (le maître tapissier qui avait fait les tapisseries de Saint-Merry) fut associé, et là, demeurèrent ensemble jusques au rappel des jésuites, et pour lors, ils furent transférés dans les galeries[2]. Après la mort du

1. « Je ne sais pas (dit le roy) quelle fantaisie vous a prise de vouloir, comme on me l'a dit, vous opposer à ce que je veux établir pour mon contentement particulier, l'embellissement et enrichissement de mon royaume, et pour oster l'oysiveté de parmy mes peuples. — Sire! je serois, quant à ce qui regarde votre contentement, très marry de m'y opposer formellement, quelques frais qu'il y fallût faire.... mais de dire qu'en cecy, à vostre plaisir soit joint la commodité, l'embellissement et enrichissement de vostre royaume et de vos peuples; c'est ce que je ne puis comprendre. Que s'il plaisoit à Votre Majesté d'escouter en patience mes raisons, je m'asseure, cognoissant, comme je le faits, la vivacité de vostre esprit et la solidité de vostre jugement, qu'elle seroit de mon opinion. — Ouy dea! je le veux bien, dit le roy, je suis content d'ouyr vos raisons; mais aussi veux-je que vous entendiez après les miennes, car je m'asseure qu'elles vaudront mieux que les vôtres. »

Sully expose donc ses idées sur l'industrie et le commerce, faisant remarquer au roi qu'il faut laisser à chaque pays ses productions; que la soie appartient aux pays méridionaux, que la France est, avant tout, un peuple d'agriculteurs, « ce qui convient beaucoup mieux, dit-il, que toutes les soyes et manufactures d'icelles qui viennent en Sicile, en Espagne, en Italie; et tant s'en faut que l'établissement de ces rares et riches étoffes et denrées accommode vos peuples et enrichisse vostre État, mais qu'elles le jetteroient dans le luxe, la volupté et l'excessive dépense qui ont toujours esté les principales causes de la ruyne des royaumes et républiques, etc., etc. » (*Économies royales*, t. V, série 2, Petitot.)

2. Par lettres patentes de 1607, permission fut donnée à tous les artistes et maîtres ouvriers de la galerie du Louvre, parmi lesquels on comptait des peintres, des sculpteurs, des graveurs en pierres précieuses, des horlogers, des tapissiers *en ouvrages du Levant*, des tapissiers de haute lisse, etc., de travailler pour le public, en quelque lieu que ce fût et aux apprentis qui auraient fait leur apprentissage sous lesdits maîtres, pendant le temps requis, autorisation de tenir boutique, tant en la ville de Paris qu'en toute autre ville du royaume, tout ainsi que s'ils eussent fait leur apprentissage sous les maîtres desdites villes.

Le parlement retarda pendant environ un an l'enregistrement de ces lettres patentes, parce qu'elles portaient quelque préjudice aux maîtres ouvriers et commu-

roi, ils n'eurent plus que quarante sols par jour et vingt-cinq écus de pension pour les apprentis; mais toujours on continuait à leur fournir les étoffes, et ils travaillaient encore à la journée. Depuis ce temps ils ont toujours demeuré dans la galerie du Louvre avec les autres artisans; mais, quelque part qu'ils aient été, ils ont joui de tous les priviléges de la Trinité et même de quelques autres[1]. » (Sauval, *Antiquités de Paris*, l. IX.)

« Dubreuil, peintre fameux, et Tremblai fort bon sculpteur, » furent aussi momentanément logés dans la maison professe des jésuites. (*Ibid.*)

Environ quatre ans après cette première fondation, Henri IV, sur la proposition de son *varlet de chambre*, Barthélemy de Laffemas[2], homme très-zélé pour le bien public, institua « une commission consultative sur le faict du commerce général et de l'établissement des manufactures dans le royaume. » (Lettres pat. de 1601.) Cette commission se livra à des enquêtes multipliées sur diverses industries dont elle fit comparaître devant elle les principaux chefs[3], et proposa au roi des mesures importantes qui furent en partie réalisées : elle tint sa dernière séance le 22 octobre 1604. L'un des plus complets documents émanés de ses délibéra-

nautés de la ville, qui, sans doute, y avaient mis opposition. (Sauval et collection Fontanieu, vol. 452-453.)

1. Après la mort de Henri IV, sous la régence de Marie de Médicis, on continua, dans la galerie du Louvre, à fabriquer des tapisseries de haute lisse; l'une de ces tentures conservée au garde-meuble porte le nom d'Arthémise et représente, en plusieurs tableaux, les exercices de l'éducation d'un prince en présence de la reine sa mère; composition dont le sens allégorique est facile à saisir. (Fontanieu, années 1607 à 1634, vol. 452-453; Mss. de la Bibl. nat.)

2. Il reçut du roi, le 15 novembre 1602, « l'estat de contrôleur général du commerce du royaume, le roy, desirant recognoistre les longs services faits par ledit Laffemas depuis quarante ans. » (Lettres patentes du 15 novembre 1602.)

3. Délibération du mardi 25 mai 1604. « Sur le rapport que l'huissier a fait que les maitres tapissiers flamans ne vouloient se représenter en la compagnie, a esté ordonné qu'itératifvement commandement leur seroit fait à peyne de vingt livres parisis d'amende, à faute de comparoir. »

Du vendredi 29 mai 1604. « Le maistre tapissier des tapisseries, façon de Flandres, s'estant présenté et ayant recongnu qu'il lui estoit nécessaire de prendre des apprentis françois mesme pour son proffit particulier, et que recongnoissant que telle estoit la volonté du roy, il les accepteroit plus volontiers, encore que ses priviléges ne l'avoient aucunement astreint, laquelle volonté on l'a semond d'exécuter et mettre à effet. »

tions est le projet d'ordonnance soumis à Henri IV pour l'établissement d'une fabrique de tapis de Turquie, dont Jean Fortier (déjà mentionné ci-dessus) aurait été directeur.

Du vendredi 23 juillet 1604 : « .... Lesdits commissaires (ayant égard à l'utilité que la France pourra recevoir de ceste industrie, tant à l'espargne des deniers qui se transportent aux pays étrangers pour l'achapt des tapis de ces sortes et espèces, que pour l'occupation du peuple qui pourra y estre employé) sont d'avis, sous le bon plaisir de Sa Majesté et de messieurs de son conseil, qu'il est expédient d'admettre et retenir ledit Fortier pour establir en ceste ville de Paris ladite manufacture des tapis de Turquie, quérins et persiens, ensemble des aultres de nouvelle invention et jusques à présent incogneue aux peuples et ouvriers du Levant, afin de les pouvoir rendre à leurs perfections par l'apprest nécessaire des estoffes, luy permettre de faire teindre, filler et tondre laynes et soyes, en la façon et selon qu'il jugera estre requis pour employer esdites manufactures.

« Pour favoriser son industrie et luy donner moyen d'en faire establissement, Sa Majesté sera suppliée luy donner la somme de trois mille livres ou telle aultre somme qui luy plaira pour achepter les matières, faire faire et dresser les métiers nécessaires, et le faire pourvoir de logis propres et commodes pour ladite manufacture, gratuitement pour le terme de six ans, ou jusques à ce qu'il plaise à Sa Majesté le loger avec les aultres ouvriers des plus exquises manufactures, au lieu qu'elle leur a destiné ; au nombre desquels elle ordonnera si luy plaist, qu'il soit dès à présent receu sous le nom et qualité de tapissier ordinaire de Sa Majesté en tapis de Turquie et façon du Levant.... etc., etc. »

Suivent quelques propositions pour la protection de cette nouvelle industrie, pour les apprentis que « ledit Fortier sera tenu de prendre en France et non estrangers, etc., etc. ; » puis une addition, postérieure de quelques années, ainsi conçue : « Depuis, sur la requeste faite par ledit Fortier, messieurs ont ordonné qu'audit advis seroient adjoutez ses noms comme premier et inventeur de l'art de faire les tapis façon de Turquie à fond d'or, soye et laine, en ce royaume et le premier qui s'est présenté pour establir l'art des tapis, ainsi qu'il est porté en l'article du 17 août 1607, folio 18 du troisième registre. »

Ces propositions si bien motivées paraissent ne pas avoir eu d'effet, car, en cette même année 1604, où finissent les conférences de la commission consultative sur le fait du commerce, ce n'est pas Jean Fortier, mais bien Pierre du Pont, autre tapissier en tapis façon du Levant, qu'on voit établi dans les galeries du Louvre, ainsi qu'il le raconte lui-même : « .... Le roy, peu de jours après, allant voir les peintures de sa gallerie et de sa salle des antiques que feu M. Bunel, son peintre, faisoit alors, vit un fond de chaire faict d'ouvrage de Turquie, que ledit du Pont y avoit laissé, et, se ressouvenant de ce que feue Mme de Châteauneuf en avoit rapporté à la royne, commanda à feu M. de Fourcy, surintendant de ses bastiments et manufactures, de faire venir ledit du Pont en sa présence, ce qu'il fit le lendemain en la gallerie haute.

« Venu donc ledit du Pont, il présenta à Sa Majesté un quarreau faict de soye et or, avec une chaire faicte de laine dudit ouvrage de Turquie, que Sa Majesté eut très-agréable, et commanda sur l'heure audit sieur de Fourcy de faire bastir un des logis de dessous sa gallerie avec un attelier à costé pour ledit du Pont, pour estre comme une pépinière d'ouvriers de ladite manufacture; ce fut en l'an 1604. Auquel lieu il a toujours fait sa demeure depuis le temps, et y a instruit plusieurs apprentifs suivant le commandement qu'il en avoit receu de Sa Majesté, ainsi qu'il faict encore à présent. » (*Stromatourgie*, ch. IV.)

L'atelier de tapisseries de haute lisse, transféré, vers 1699, dans la galerie du Louvre, ne pouvait entièrement remplir les vues de Henri IV; il fit venir de Flandre environ deux cents ouvriers tapissiers et les établit dans quelques bâtiments encore debout du palais des Tournelles, précédemment démoli par ordre de Charles IX. A ce premier local, insuffisant et incommode, s'ajoutèrent, dès 1604, de nouvelles constructions destinées aussi aux manufactures de soie[1]. Le roi écrivait à ce sujet, le 27 avril 1607, à Sully : « Je vous recommande la place Royale; j'ai appris par le contrôleur Donon qu'il se trouvoit quelques difficultés avec les manufactures, pour ce qu'ils vouloient abattre tout le logis; ce n'est pas mon avis, et me semble que ce seroit assez qu'ils fissent une forme de galerie devant.... etc. »

L'avis de Sully était de construire la place Royale par le concours des intérêts privés, et de placer autre part les manufactures[2]; par la force des choses cet avis prévalut en partie, et les tapissiers flamands durent émigrer au faubourg Saint-Germain[3] sous la conduite de Marc de Comans et de François de La Planche[4], nommés directeurs entrepreneurs de la manufacture et anoblis par lettres patentes du mois de janvier; leur privilége était non-seulement pour Paris, mais encore pour toutes les villes du royaume où il leur plairait de s'établir; il porte que, « pendant vingt-cinq ans, nul ne pourra imiter leurs manufactures; que le roy leur donnera, à ses dépens, des lieux pour les loger, eux et leurs ouvriers, ces derniers déclarés regnicoles et naturels, sur leur certification et sans lettres patentes, exemptés de tailles et de toutes autres charges pendant lesdites vingt-cinq années; que les maîtres, après trois ans, les apprentis, après six ans, pourront avoir boutiques, sans faire chef-d'œuvre, et ce, durant les vingt-cinq années; que le roy leur donnera, la première année, vingt-cinq enfans, la seconde vingt et autant la troisième, tous françois, dont il payera la pension et les parens l'entretien, pour apprendre

1. Les ouvriers en or et en soie que Henri IV avait fait venir d'Italie étaient provisoirement logés « en un grand logis de la rue de la Tixeranderie, appelé *la Maque*, où ils fabriquaient surtout des tentures d'or et d'argent frisé. » (Sauval, *Antiq. de Paris*, l. IX.)

2. « .... Mais, pour le bâtiment que vous voulez faire faire aux Tournelles pour vos ouvriers, je voudrois que vous eussiez choisi un autre lieu, d'autant que j'ai dessein d'y faire une construction qui sera une des plus magnifiques de Paris, voire peut-être de l'Europe, sans qu'il vous en coûte rien, et m'assure que, quand vous en verrez les trois côtes achevés, que, pour laisser parachever le quatrième, vous ferez vous-même demolir ce que l'on y aura bâti pour les ouvriers. — Or bien! dit le roy, alors comme alors!» (1603, *Economies royales*.)

3. Ils s'établirent dans un hôtel de la rue de Varennes, situé entre les rues du Bac et de la Chaise.

4. Tous deux avaient eté appeles des Pays-Bas par Henri IV.

le mestier; que les entrepreneurs tiendront quatre-vingts mestiers au moins, dont soixante à Paris; qu'ils auront, chascun, quinze cents livres de pension et cent mille livres pour commencer le travail; que toutes les estoffes employées par eux, sauf l'or et la soye, seront exemptes d'impositions; qu'ils pourront partout tenir brasseries et vendre bierre; que l'entrée des tapisseries estrangères est défendue, et qu'en vendant les leurs, ce sera au prix que les autres se vendent aux Pays-Bas; que tous leurs procès seront jugés en première instance, par-devant les juges du lieu et par appel, au parlement de Paris, en quelque lieu qu'ils soient. » (Mss. Colbert, Bibl. nat.[1])

Les difficultés financières qui assaillirent cet établissement à son début, et la haute protection qui ne lui fit jamais défaut, ressortent de la lettre suivante de Henri IV à Sully :

Lettre de Henri IV à Sully (1607).

« Mon amy, vous avez assez de fois veu les poursuites que les tapissiers flamans ont faites pour estre satisfaits de ce qui leur avoit esté promis pour leur établissement en ce royaume : de quoy ayant, par une dernière fois, traité en la présence de vous et de M. le garde des seeaux, je me résolus enfin de leur faire bailler cent mille livres; mais ils sont toujours sur leurs premières plaintes s'ils n'en sont payez. C'est pourquoy je vous fais ce mot pour vous dire que j'ay un extrême désir de les conserver, et pour ce que cela despend du tout du payement de ladite somme, vous les en ferez incontinent dresser, en sorte qu'ils n'ayent plus de sujet de retourner à moy; car, autrement, je considère bien qu'ils ne pourroient pas subsister, et que, par leur ruine, je perdrois tout ce que j'ay fait jusques à maintenant pour les attirer icy et les y conserver. Faites-les donc payer puisque c'est ma volonté, et sur ce, Dieu vous ait, mon amy, en sa sainte et digne garde.

« Ce quinzième mars, à Chantilly.

« HENRY. »

1. Sous Louis XIII, ces privileges furent continués aux enfants de Marc de Comans et de François de La Planche, par lettres patentes de 1641 et 1643.

Henri IV se proposait d'établir par toute la France la manufacture de tapis façon du Levant, déjà confiée à la direction de Pierre du Pont, dans les galeries du Louvre, « ainsi qu'il avoit fait celle des tapisseries de Flandres, de l'or de Milan, des estoffes de drap d'or et de soye et d'aultres : afin (comme il disoit) d'empêcher le transport de l'or et de l'argent qui se faict hors du pays, par le traffic continuel desdites estoffes, et, par ainsi, enrichir la patrie et faire travailler une infinité de fainéans et de vagabonds.

« Mais la mort funeste de ce grand monarque ayant donné fin à ses braves et généreux desseins, arresta par mesme moyen ledit du Pont en ses entreprises : toutefois sachant que les roys ne meurent point, il s'adressa au roy à présent régnant (Louis XIII), en l'année 1626, venant veoir les ouvrages qui se faisoient pour Sa Majesté, et luy fit entendre quelle avoit été la délibération du feu roy pour l'establissement de ladicte manufacture, lui en proposant les moyens faciles, par la méthode d'enseigner audit art les enfans qui demeuroient dans les hôpitaux, et les filles pareillement en plusieurs autres ouvrages, ce que ledit du Pont promettoit et promet encore de faire.

« Auquel Sa Majesté commanda d'en adresser la requeste à son conseil affin d'y estre meurement pourveu. Ce qu'ayant délibéré faire ledit du Pont, et jugeant qu'il ne pourroit exécuter lui seul une charge si onéreuse, n'ayant encore aucun de ses enfans en aage compétent pour luy ayder : s'associa un, qui avoit esté son apprentif, nommé Lourdet, avec lequel et conjointement il présenta ladicte requeste au conseil.

« Et pour parvenir à cet effect, lesdicts du Pont et Lourdet allèrent trouver M. de Fourcy, qui avoit la charge de feu son père, lequel les présenta à M. Aubery, conseiller d'Estat, avec ladicte requeste, pour en faire son rapport audit conseil : ce qu'il fit et a faict depuis avec tant de probité et d'équité.... qu'il en a obtenu les articles et arrests suivans par sa seule diligence, ainsi qu'ils se peuvent ici veoir, avec la suite d'une infinité de traverses qu'ils ont rencontrés en quelques endroits. » (*Stromatourgie*, ch. IV.)

L'arrêt du conseil royal dont parle Pierre du Pont est daté du 17 avril 1627 et porte que « le roy, en son conseil, a accordé audit Pierre du Pont et Simon Lourdet la fabrique et manufacture de toutes sortes de tapis, aultres ameublemens et ouvrages du Levant, en or, argent, soye, laine, pour dix-huit années, à commencer du premier jour de juillet 1627, aux clauses et conditions suivantes :

« Dans toutes les villes du royaume où les entrepreneurs s'établiront, ils seront tenus d'instruire, dans leur art, un certain nombre d'enfans pauvres à eux confiés par les administrateurs des hôpitaux. Ces enfans, au nombre de cent, pour la ville de Paris, seront logés dans la maison de la Savonnerie, près Chaillot, entretenus des deniers donnés par le roy pour les pauvres, et, au besoin, sur les revenus des hôpitaux. Leur apprentissage durera six ans ; ils jouiront, à son expiration, du droit de maîtrise sans être astreints à faire chef-d'œuvre et à payer un droit, mais à la charge par eux de se présenter devant le procureur du roy des lieux où ils auront fait leur apprentissage, pour prêter entre ses mains le serment dudit mestier, le tout sans frais. Inhibitions et défenses sont faites à toutes personnes, de quelque qualité qu'elles soient, de retirer aucun des apprentis pour les faire travailler en leurs maisons ou les admettre à leur service sans le consentement des entrepreneurs, et ce à peine de cinq livres d'amende.

« Les entrepreneurs auront, dans la maison de la Savonnerie, leur logement et tous les locaux nécessaires à la manufacture ; ils recevront de plus chacun une pension de quinze cents livres par an pour les indemniser des pertes de temps et de matières premières occasionnées par les apprentis non instruits en leur art.

« Permission aux entrepreneurs de faire venir et ouvrer toutes les *estoffes* nécessaires à leur fabrication, sans estre astreints à visite de la part des maîtres jurés des mestiers où se fabriquent lesdites estoffes et sans être empêchés par eux.

« Pendant toute la durée du privilége qui leur est accordé, nul ne pourra, sans leur permission, dresser des mestiers de ladite manufacture, en quelque lieu du royaume que ce soit, à peine de confiscation des mestiers, ouvrages et ustensiles applicables auxdits entrepreneurs.

« En faveur duquel establissement et en considération de l'invention de ladite manufacture que ledit du Pont a introduit en ce royaume et de la grande assiduité et diligence que le sieur Lourdet a déjà apporté pour instruire nombre d'enfans audict art, Sa Majesté a déclaré lesdits du Pont et Lourdet nobles, domestiques et commensaux de sa maison, ainsi que leurs enfans nés ou à naître en loyal mariage, qui entretiendront ledit art et manufacture. Ils jouiront, en cette qualité, de toutes exemptions, franchises, libertés, immunités, priviléges, de la mesme manière que jouissent les autres nobles, sans qu'on puisse, à eux ou à leur postérité, imputer le trafic qu'ils feront des marchandises procédans de leur manufacture, pour actes dérogeant à noblesse....

« Veult et ordonne Sadite Majesté que le sieur de Fourcy, surintendant des bastimens et manufactures de Sa Majesté, ayt l'œil et regard à l'establissement desdites manufactures, et qu'il y apporte le soin et la diligence requis pour la protection et manutention d'icelle, ainsi qu'il a fait par le passé et aux manufactures establies par Sadite Majesté en ce royaume[1].

« *Signé* DE MARILLAC, D'EFFIAT, AUBRY,
DE MESMES, FOUQUET, VIGNIER. »

Les engagements pris envers les entrepreneurs ne paraissent pas avoir été très-exactement tenus, car, après la mort de du Pont, on voit, en 1643, le sieur Lourdet se plaindre de ce qu'on a logé dans la maison de la Savonnerie de petits enfants inutiles à la manufacture, à cause de leur âge. « On y a establi, dit-il, des écoles, des tisserands et aultres mestiers différens de la manufacture, qui occupent une bonne partie des lieux qui lui seroient nécessaires, sans lesquels il ne peut dresser tous ses mestiers, faire teindre les laines, préparer les autres choses nécessaires audict art et perfection-

1. Extrait des Archives nationales.

ner les enfans qu'il instruit. De plus on a débauché avant la fin de leur apprentissage quantité de ses apprentis et des mieux instruits. Ceux qui ont cherché à ruiner son dessein les ont envoyés travailler en Angleterre, ou retirés dans leurs maisons et d'autres s'en sont *fuitz* sans que ledit Lourdet en ait pu tirer raison ; il supplie donc très-humblement Sa Majesté de remédier, par son autorité, aux contraventions et inconvéniens susdits, et de lui accorder pour dix-huit aultres années la continuation de son privilége, afin qu'il puisse commodément establir par tout le royaume ladicte manufacture et mettre ses ouvrages en la recommandation qu'ils méritent ; — ce qui fut accordé par lettres patentes datées de Saint-Germain en Laye, le vingt-cinquième jour de mars 1643. »

Des travaux exécutés à cette époque et pendant le séjour de Pierre du Pont au Louvre, il reste à peine quelque trace ; on cite un immense tapis de pied, en quatre-vingt-douze pièces, qui devait couvrir tout le parquet de la grande galerie du Louvre, et qui était l'un des premiers ouvrages de cette fabrique.

Sur la porte de la chapelle de la Savonnerie se lisait l'inscription suivante : LA TRÈS-AUGUSTE MARIE DE MÉDICIS, MÈRE DU ROI LOUIS XIII, POUR AVOIR, PAR SA CHARITABLE MUNIFICENCE, DES COURONNES AU CIEL COMME EN LA TERRE, PAR SES MÉRITES, A ESTABLI CE LIEU DE CHARITÉ, POUR Y ESTRE RECEUS, ALIMENTEZ, ENTRETENUS ET INSTRUICTZ LES ENFANS TIREZ DES HOSPITAUX DES PAUVRES ENFERMEZ, LE TOUT A LA GLOIRE DE DIEU, L'AN DE GRACE 1615[1].

Louis XIV donna la direction de la manufacture de la Savonnerie à son premier peintre Le Brun (1663), et, par lettres patentes du 20 novembre 1667, confirma, en faveur de Philippe Lourdet[2], les priviléges dont avaient joui les précédents entrepreneurs.

1. Félibien. *Hist. de Paris*, pref.

2. Simon Lourdet, père de Philippe, figure dans les comptes des bâtiments du roi pour une somme de trente sept mille cent livres, qui lui a été donnée, en six payements, du 28 mai au 7 décembre 1666, à valoir sur le prix d'un tapis de pied destiné à la galerie d'Apollon, au Louvre. Cet immense et magnifique tapis ne devait pas avoir moins de cinq cent quatre-vingts mètres de superficie.

Le règne de ce prince ouvre une ère nouvelle pour les arts et les manufactures : en 1664, la manufacture de tapisserie de Beauvais est fondée[1], les anciennes fabriques de Felletin et d'Aubusson sont soumises à de nouveaux règlements, encouragées par diverses commandes et par l'octroi spontané d'un peintre et d'un maître teinturier entretenus aux dépens du roi[2]. Un grand nombre d'ouvriers tapissiers et plusieurs habiles chefs d'ateliers sont appelés des Pays-Bas[3] pour

1. Le préambule des lettres patentes s'exprime ainsi : « Comme l'un des plus considérables ouvrages de la paix qu'il a plu à Dieu nous donner, est celui du rétablissement de toute sorte de commerce en ce royaume, et de le mettre en état de se passer de recourir aux étrangers, pour les choses nécessaires à l'usage et à la commodité de nos sujets; aussi n'avons-nous, jusques à présent, rien oublié de tout ce qui pourroit leur procurer cet avantage, par tous les moyens que nous avons jugé propres au succès de ce grand dessein, entre lesquels moyens, celui du rétablissement de la fabrique des tapisseries dont la manufacture avoit été ci-devant introduite en notre bonne ville de Paris et autres de ce royaume, par les soins du feu roy Henri le Grand, notre très-honoré ayeul, nous paroissant avec raison d'une très-grande conséquence, et notre cher et bien amé le sieur Colbert, notre conseiller en tous nos conseils, surintendant et ordonnateur général de nos bâtiments, arts et manufactures de France, nous ayant fait connoître que le rétablissement des fabriques et manufactures desdites tapisseries ne pouvoit pas mieux être commencé, ni le soin de cet ouvrage confié à personne plus capable de le conduire à une heureuse fin que Hinart, marchand tapissier, bourgeois de notre ville de Paris, reconnu pour l'un des plus habiles au fait, non-seulement de ladite fabrique, mais encore au commerce de cette sorte de marchandise, s'il nous plaisoit lui accorder la permission d'établir ladite manufacture en notre ville de Beauvais ou autre de notre province de Picardie que bon lui semblera, la plus commode pour en jouir par lui, ses successeurs et ayant-cause, pendant le temps et aux charges portées par les articles et conditions qu'il nous a, pour cet effet, présentés : A ces causes, et de l'avis de notre conseil, etc., etc. » Suit le texte des lettres patentes en faveur dudit Hinart, 3 août 1664. Registré au parlement le 3 septembre suivant.

2. Ces fonctions étaient encore remplies, en 1753, par un peintre nommé Dumont chargé, en exécution des arrêts du conseil, des 20 mars 1731 et 17 octobre 1743, de la fourniture des dessins et tableaux pour servir aux tapisseries et tapis de pied d'Aubusson et Felletin. Il résidait aux Gobelins et recevait un traitement annuel de deux mille neuf cents livres, compris dans les états de dépense de cette manufacture. (Mss. de la Bibl. nat.)

3. La fécondité des manufactures flamandes où, pendant plus d'un siècle et demi, se recrutent incessamment les fabriques françaises, ne peut être assez admirée; déjà florissantes au XIIe siècle, ces manufactures parviennent, en trois cents ans, au plus haut degré de prospérité et reçoivent de Charles-Quint une constitution définitive (ordonnance du 16 mai 1544 *sur le style et mestier des tapisseries des Pays-Bas*, divisée en quatre-vingt-dix articles et contenant, sur cette fabrication des détails aussi nombreux que précis). Quelques années plus tard, en 1553, un peintre d'Alost, nommé Conke, monte à Constantinople une fabrique de tapisserie de haute lisse; vers 1650, un fameux tapissier d'Oudenarde nommé Janssens (connu en France, sous le nom de Jans), conduit à Paris une colo-

compléter le personnel de la manufacture de tapisseries établie dans l'ancien hôtel des Gobelins[1] : elle se peuple aussi, à l'appel du grand roi et de son ministre Colbert, de pein-

nie de tapissiers flamands et s'installe dans l'hôtel des Gobelins.... Les manufactures flamandes au XVIIIe siècle, paraissent tomber en décadence; le temps où des peintres tels que Lucas de Leyde, Albert Durer, Quintin Messis, consacraient leur talent à la création de modèles pour tapisseries, était déjà loin et le goût général pour ce genre somptueux d'ameublement singulièrement restreint. Quelques-unes de ces manufactures subsistaient encore sur la fin de ce même siècle; on conserve dans le château de Zèle (appartenant à M. E. Van Meldert), plus de cent grandes tentures provenant d'un fabricant nommé J. B. Brandt qui ne ferma ses ateliers qu'en 1772.... Il y avait au garde-meuble, à l'époque de Louis XIV, de très-belles tentures exécutées en Flandre, savoir : Les douze mois de l'année, d'après Lucas de Leyde (copiés aux Gobelins, en 1721, par Chastellain et Yvart pour modèles de tapisseries), les Sept Ages, par le même, la Passion de N. S. J. C., la Passion de saint Jean, le tableau de la Vie Humaine, d'après Albert Durer, les Chasses de l'empereur Maximilien, attribuées par quelques connaisseurs à Bernard van Orlay, qui travaillait du temps de Raphaël et qui a eu la direction de toutes les tapisseries que les papes, les empereurs et les rois ont commandées en Flandre, d'après des dessins d'Italie. Enfin, il y avait, dans la grande église de Chartres, une tenture en dix pièces admirablement exécutées en laine et en soie, d'après des dessins de Raphaël pour les loges du Vatican, représentant des traits de l'Ancien Testament. Elles étaient d'origine flamande et avaient été données à cette église par Mgr. de Thou, évêque de Chartres.

1. La famille Gobelin, qui a donné son nom à cet hôtel, à une partie de la Bièvre et à plusieurs voies de communication du voisinage, était originaire de Reims; dès le XVe siècle, elle s'établissait au faubourg Saint-Marcel et y exerçait la profession de teinturier. Jean Gobelin, l'un de ses membres, s'enrichit, en peu de temps, par cette industrie dans laquelle il excellait, et acquit de grandes propriétés sur les bords de la Bièvre dont les eaux étaient alors très-bonnes pour la teinture. Son fils, Philibert Gobelin et ses petits-enfants augmentèrent cette fortune, de telle sorte qu'à la troisième ou quatrième génération, la famille crut devoir renoncer à son ancienne profession et acheter des titres et des emplois : en 1544, on trouve un Jacques Gobelin, correcteur des comptes; puis un Balthasar Gobelin, trésorier de l'épargne, dont la fille Claude épousa, en 1594, Raymond Phélippeaux, président au parlement. Le monastère des Feuillantines (rue Saint-Jacques) reconnaissait pour principale fondatrice, Anne Gobelin, femme de Charles d'Estourmel, chevalier, seigneur de Plainville, gouverneur de Corbie. « Le lundi 23 août 1603, mourut à Paris, Mme Gobelin, femme du trésorier de l'épargne, malade dès longtemps..., elle n'avoit encore cinquante ans et eut grand regret à la mort, comme ont ordinairement ceux et celles qui jouissent à leur aise des biens, honneurs et commoditez de cette vie, auxquels la mort ne peut estre qu'amère. » (L'Estoille, *Journal du règne de Henri IV*.) « En ce mois (novembre 1607), sont morts, à Paris, M. de Venan, maistre des comptes et Mme Gobelin sa femme. » (*Ibid.*)

Aux Gobelin succédèrent les sieurs Canaye qui, ne se bornant pas à teindre, commencèrent, avec le concours du maître tapissier Jans et de ses ouvriers flamands, à fabriquer des tapisseries de haute lisse. Cette famille fut remplacée, en 1655, par un Hollandais nommé Gluck, qui apporta en France le procédé de la teinture écarlate dit *à la mode hollandaise*, et obtint de Louis XIV la concession de quelques privilèges. Il s'associa à une famille du nom de Julienne dont

tres, de sculpteurs, de graveurs, de lapidaires, de fondeurs, d'orfévres, d'ébénistes en bois précieux, et prend le nom de *Manufacture royale des meubles de la couronne*; ainsi se réalisent, se complètent, sur de magnifiques proportions et sous une forme désormais stable, les projets déjà conçus et en partie exécutés par Henri IV, au commencement du XVIIe siècle. « L'édit de règlement de l'établissement des manufactures nationales en la maison des Gobelins[1] (novembre 1667), » est précédé d'un exposé sommaire de l'état de décadence où, par suite de longues guerres, étaient tombées les fabriques fondées par Henri IV et des motifs qui ont déterminé le roi à fonder une nouvelle manufacture : « .... L'affection que nous avons pour rendre le commerce et les manufactures florissantes dans nostre royaume nous a fait donner nos premiers soins, après la conclusion de la paix générale, pour les rétablir et pour rendre les établissemens plus immuables en leur fixant un lieu commode et certain, nous aurions fait acquérir de nos deniers l'hostel des Gobelins et plusieurs maisons adjacentes, fait rechercher les peintres de la plus grande réputation, des tapissiers, des sculpteurs, orphèvres, ébénistes et autres ouvriers plus habiles, en toutes sortes d'arts et mestiers, que nous y aurions logés, donné des appartemens à chacun d'eux et accordé des priviléges et advantages; mais d'autant que ces ouvriers augmentent chaque jour, que les ouvriers les plus excellens dans toutes sortes de manufactures conviés par les grâces que nous leur faisons y viennent donner des marques de leur industrie, et que les ouvrages qui s'y font surpassent notablement en art et en beauté ce qui vient de plus exquis des pays estrangers, aussi nous avons estimé qu'il estoit né-

le dernier, mort vers 1767, était connu par son goût pour les arts et par un cabinet de tableaux renommé dans toute l'Europe.

L'hôtel des Gobelins acquis en 1662, par ordre de Louis XIV, du sieur Lelen, conseiller au parlement, qui le tenait du dernier héritier de cette illustre famille, ne comprenait qu'une partie de l'emplacement autrefois possédé par elle. Le surplus de cet emplacement a été occupé, jusqu'au commencement du siècle actuel, par la fabrique Gluck et Julienne (draps et teinture), à laquelle une tannerie a succédé depuis quelques années.

1. Registré au parlement le 21 décembre 1667. (Archives nationales, *Ordonn. de Louis XIV*, cote XXX, fol. 1

cessaire, pour l'affermissement de ces establissemens, de leur donner une forme constante et perpétuelle et les pourvoir d'un règlement convenable à cet effect. A CES CAUSES et autres considérations, à ce nous mouvans, de l'advis de nostre conseil d'État qui a vu l'édit du mois de janvier 1607 et autres déclarations et règlemens rendus en conséquence et de nostre certaine science, pleine puissance et authorité royale, nous avons dict, statué et ordonné, disons, statuons et ordonnons ainsi qu'il en suit :

1.

« C'est à sçavoir que la manufacture des tapisseries et autres ouvrages demeurera establie dans l'hostel appelé des Gobelins, maisons et lieux et deppendances à nous appartenant, sur la principale porte duquel hostel sera posé un marbre au-dessus de nos armes dans lequel sera inscript : *Manufacture royalle des meubles de la couronne.*

2.

« Seront les manufactures et deppendances d'icelles régies et administrées par les ordres de nostre amé et féal conseiller ordinaire en nos conseils, le sieur Colbert, surintendant de nos bastimens, arts et manufactures de France et ses successeurs en ladite charge.

3.

« La conduite particulière des manufactures appartiendra au sieur Le Brun, nostre premier peintre, soubs le titre de directeur, suivant les lettres que nous luy avons accordées le 8e mars 1663, etc., etc....

4.

« Le surintendant de nos bastimens et le directeur soubs luy tiendront la manufacture remplie de bons peintres, maistres tapissiers de haute-lisse, orphèvres, fondeurs, graveurs lapidaires, menuisiers en ébène et en bois, teinturiers et autres bons ouvriers, en toutes sortes d'arts et mestiers qui sont establis, et que le surintendant de nos bastimens tiendra nécessaire d'y establir. »

L'article 5 prescrit le mode de payement du personnel de la manufacture par le trésorier général des bâtiments royaux. Les articles 6, 7, 8, 9 et 10 prescrivent ce qui est nécessaire pour l'éducation et l'entretien des apprentis qui seront au nombre de soixante choisis par le surintendant des bâtiments et placés dans le *séminaire* du directeur ; « ils pourront, après six années d'apprentissage et quatre années de service, estre receus maistres, tant dans la bonne ville de Paris que dans toutes les autres du royaume, sans faire expérience ny estre tenus d'autre chose que de se présenter devant les maistres et gardes desdites marchandises, arts et mestiers.... Lesdits maistres et gardes seront tenus de les recevoir, sans aucuns frais, sur le certificat du surintendant des finances. »

11.

« Les ouvriers employés dans lesdites manufactures se retireront dans les maisons les plus proches de l'hostel des Gobelins, et affin qu'ils y puissent estre, eux et leurs familles, en toute liberté, voulons et nous plaist que douze des maisons dans lesquelles ils seront demeurant soient exemptes de tout logement des officiers et soldats de nos gardes françoises et suisses, et de tous autres logemens de gens de guerre, et, à cet effect, voulons qu'il soit expédié par le secrétaire de nos commandemens, ayant le département de la guerre, des sauvegardes, sur les certificats dudit sieur surintendant de nos bastimens. »

Les articles 12, 13 et 14 confèrent aux ouvriers étrangers employés dans lesdites manufactures tous les droits des regnicoles, les exemptent de tutelles, curatelles, guet, garde de ville et autres charges publiques et personnelles.

15.

« Sera loisible au directeur des manufactures de faire dresser en des lieux propres, des brasseries de bierre pour l'usage des ouvriers, sans qu'il en puisse estre empêché par les brasseurs de bierre, ny tenu de payer aucuns droits. »

L'article 16 donne à tout le personnel de la manufacture le droit d'être jugé, en cas de procès, par un seul tribunal, celui de première instance de Paris, et en appel devant le parlement de Paris.

17.

« Et au moyen de ce que dessus, nous avons faict et faisons très-expresses inhibitions et deffenses à tous marchands et autres personnes, de quelque qualité et condition qu'elles soyent d'achepter ny faire venir des pays estrangers des tapisseries, ny vendre ou débiter aucune des manufactures estrangères ou autres que celles qui sont présentement dans nostre royaume, à peine de confiscation d'icelles et d'amende de la valeur de la moitié des tapisseries confisquées, etc., etc.

« Donnons en mandement à nos amez et féaux conseillers les gens tenant nostre cour de parlement, à Paris, les gens de nos comptes et cour des aydes audict lieu et autres, nos officiers audict lieu, que ces présentes ils fassent lire, publier, enregistrer.... etc., etc., et affin que ce soit chose ferme et stable à toujours, nous avons fait mettre nostre seel à cesdictes présentes, données à Paris au mois de novembre 1667 et de nostre règne le vingt cinq. »

« *Signé* Louis,

et plus bas,

« par le roy,

« de Guénégaud. »

Dès l'année 1662, le roi avait fait commencer, sur l'emplacement de la teinturerie des Gobelins, les fondations des nouveaux ateliers; par ses ordres, on réunit une grande quantité de tableaux destinés à servir de modèles aux tapisseries; un plus grand nombre encore fut exécuté, d'après les meilleurs maîtres, ou sur les dessins de Le Brun, tant par ses élèves que par d'autres peintres attachés à l'établissement.

Les peintres qui ont travaillé sur les dessins de Le Brun ou sous sa direction sont, d'après les anciens catalogues[1] :

1. Les catalogues sont à la Bibliothèque nationale : Mss.

YVART (le père); *le Sacre du roi.*
TESTELIN; *le Mariage du roi.*
MATHIEU (le père); *l'Entrevue des rois de France et d'Espagne, la Satisfaction du cardinal-légat.*
DE SÈVE (le jeune); *Visite du roi aux Gobelins.*
BONNEMER; *le Sacre du roi.*
SAINT-ANDRÉ; *le Mariage du roi, l'Entrevue, la Satisfaction.*
BALLIN; *l'Audience de l'ambassadeur d'Espagne.*
CHAVANNE et DEQUOY; *la Réduction de Dunkerque.*
DE MELUN; *la Réduction de Dôle.*
DE LICHERIE (élève de Le Brun); *le Passage du Granique*, et quatre autres tableaux de la suite des *Batailles d'Alexandre.*
HOUASSE (élève de Le Brun); *Bataille de Porus.*
VERDIER (élève de Le Brun); *Bataille où Porus est monté sur un éléphant.*
REVEL, YVART (le fils), peignent, *à l'envers*, les mêmes tableaux pour basse lisse.
MOILON, DELARQUE, DUHAMEL, peignent les bordures complètes et variées pour les copies des *Éléments*, d'après Le Brun.
GENOELS; *l'Eau.*
BAPTISTE MONOYER, peint les fleurs des bordures des *Douze mois de l'année*, par Le Brun.
ANGUIER, LEMIRE, peignent l'architecture des mêmes tableaux.
VAN DER MEULEN, MARTIN; paysages et batailles.
YVART (le père); plusieurs grandes figures.
BAUDOUIN; quelques paysages des mêmes tableaux.
GARNIER; les instruments de musique.
ARVIER; des fleurs, fruits et animaux.

Des copies de Raphaël, de Jules Romain et de grandes compositions pour tapisseries, sont exécutées à la même époque :

LE FEBVRE (élève de Le Brun); peint *le Baptême de Constantin*, d'après Raphaël.
COURANT; *la Vision de Constantin.*

CORNEILLE (l'aîné), *le Jugement de Paris*[1].

COYPEL; *le Mariage d'Alexandre et de Roxane.*

ALEXANDRE; *Danses de nymphes et de faunes*, avec bordure très-riche de Le Moyne le Lorrain; les figures par Hallé et Boullogne l'aîné.

COYPEL (Noël), peint une suite de tableaux arabesques d'après Raphaël.

COYPEL (Antoine), les sujets d'*Athalie, Jephté*, *Suzanne*, *Esther*, *Salomon*, *Tobie*, *Laban*[2] et une suite des principaux sujets de l'*Iliade.*

DE LA FOSSE (élève de Le Brun), peint *le Retour des chasses de Diane* (reproduit par CHEUREUILLE pour les figures, et par BONNARD pour le paysage).

BERTIN, reproduit les figures d'un autre tableau de de La Fosse : *Apollon et le serpent Python.*

MOSNIER, MONTAGNE, POERSON, CORNEILLE (le jeune), peignent, d'après Jules Romain, des parties de l'histoire de Psyché.

Ces indications sommaires donnent à peine une idée des travaux immenses exécutés en peinture et en tapisserie, à l'époque de Louis XIV, aux Gobelins.

Le personnel des ateliers se composait d'environ deux cent cinquante maîtres et apprentis tapissiers, la plupart venus des Pays-Bas, de deux chefs d'atelier, entrepreneurs pour la haute lisse, et de quatre chefs d'atelier entrepreneurs pour la basse lisse.

JANS, établi aux Gobelins avant la fondation de Louis XIV,

1. L'une des tapisseries exécutées sur ce modèle, à l'époque de Louis XIV, figure à l'exposition permanente de la manufacture des Gobelins; elle présente cette particularité que les trois déesses, nues dans le tableau original, sont, dans la reproduction, très-gracieusement drapées; on comprenait alors que des tableaux transformés en modèles de tapisseries destinées à meubler des appartements pouvaient et devaient ne pas être dans les mêmes conditions artistiques que les originaux.

2. En 1710, il fut ordonné à Coypel d'exécuter en grand, pour une suite de tapisseries, tous ces sujets qu'il avait peints en petit quelques années auparavant et offerts aux regards du public à l'exposition de l'académie de peinture en 1705, dans la grande galerie du Louvre, à l'occasion de la naissance du premier duc de Bretagne.

et LEFEBVRE, autre maître tapissier très-habile, appelé d'Italie, dirigeaient les ateliers de haute lisse.

LACROIX (père), LACROIX (fils), SOUETTE et LA FRAYE, chefs d'atelier entrepreneurs, tous originaires des Pays-Bas, dirigeaient les ateliers de basse lisse.

Les travaux de tapisserie s'exécutaient à la tâche, à raison de trois cent quatre-vingts, deux cent soixante et deux cent vingt-cinq livres l'aune carrée, en haute lisse, et à raison de cent vingt livres l'aune carrée, en basse lisse, différence fondée sur le mode de fabrication plus simple et plus rapide, en basse lisse.

Le roi fournissait les matières premières ou *estoffes* dont le prix était, à chaque règlement trimestriel, déduit de la valeur des tapisseries livrées.

Toutes les tentures portaient le nom du chef d'atelier qui les avait exécutées[1].

La teinture des laines et soies était confiée à un très-habile teinturier hollandais nommé Jacques Kercoven, l'inspection des ateliers à Baptiste Monoyer, peintre de fleurs, et, après lui, à Yvart fils, Mathieu et Chastellain.

Par la fécondité de son génie et par sa prodigieuse activité, Le Brun suffisait à la direction artistique de la manufacture des meubles de la couronne et aux immenses travaux dont il était chargé au dehors : « On ne doit pas, disent les mémoires contemporains, le regarder, en cette occasion, comme peintre seulement; il avoit un génie vaste et propre à tout; il étoit inventif, il savoit beaucoup, et son goût étant général, ainsi que son savoir, il tailloit, en une heure de temps, de la besogne à un nombre infini de différens ouvriers. Il donnoit des desseins à tous les sculpteurs du roy. Tous les orfèvres en recevoient de lui : ces candelabres, ces torchères, ces lustres et ces grands bassins ornés de bas-reliefs qui représentoient l'histoire du roy, n'estoient que

1. Étant donc donnés les noms et la durée de la vie active de tous les entrepreneurs qui ont dirigé les ateliers des Gobelins, il sera toujours possible de déterminer l'origine d'une pièce quelconque de tapisserie exécutée dans cette manufacture, et l'époque approximative de sa fabrication. La liste placée à la suite de cette notice fournit ces indications.

sur ses desseins et sur les modèles qu'il en faisoit faire. Il donnoit en un mesme temps des desseins pour tendre des appartemens entiers. Pendant que tant d'ouvriers travailloient sur ses desseins, il y en avoit une infinité qui n'estoient occupés que par ceux qu'il avoit donnés pour des tapisseries; il a fait ceux de la bataille et du triomphe de Constantin, ceux de l'histoire du roy et de celle d'Alexandre, des maisons royales, des saisons, des élémens et plusieurs autres; enfin l'on peut dire qu'il faisoit tous les jours remuer des milliers de bras et que son génie estoit universel.... Quoique je vous ayes nommé beaucoup de ses ouvrages, j'ai oublié de vous parler de ces grands et superbes cabinets qui se faisoient aux Gobelins sur ses desseins et sous sa conduite; il sembloit que tous les arts y eussent mis chacun leur morceau. On en a vu beaucoup dans la galerie des Thuileries, et entre autres le cabinet d'Apollon[1], car tous ces cabinets ont leur nom et sont historiés. Enfin M. Le Brun estoit si universel que tous les arts travailloient sous luy et qu'il donnoit jusques aux desseins de serrurerie. J'en puis rendre témoignage, puisque j'ai vu regarder, par de très-habiles estrangers, des serrures et des verroux de portes et de fenêtres de Versailles et de la gallerie d'Apollon au Louvre, comme des chefs-d'œuvre dont ils ne pouvoient se lasser d'admirer la beauté.... La réputation de Le Brun augmentant de jour en jour, tant en France que parmi les estrangers, le roy luy envoya son portrait entouré de diamans, dont il y en a un d'un fort grand prix, et luy donna peu de temps après des lettres de noblesse et des armes qui sont un soleil en champ d'argent et une fleur de lys en champ d'azur, avec un timbre de face[2]. »

Des artistes célèbres tels que Van der Meulen, Audran,

1. Le cabinet d'Apollon représentant *le Temple de la Gloire* faisoit pendant au cabinet de Diane représentant *le Temple de la Vertu*. Tous deux étaient en ébène et avaient été commandés, vers 1663, pour la galerie d'Apollon, à Domenico Cuccy, ébéniste italien, au prix de trente mille cinq cents livres, qui figure en six payements partiels dans les comptes des bâtiments du roi, de 1664 à 1667; ces mêmes comptes font mention de deux autres grands cabinets exécutés pour le roi par Golle, ébéniste. (De Chennevières. *Notice sur la Galerie d'Apollon*.)

2. *Mercure de France*, février 1690.

graveur, Sébastien Leclerc, peintre et graveur, etc., avaient, à cette époque, leur domicile aux Gobelins; Branquier et Ferdinand de Meliori, artistes florentins, y dirigeaient un atelier de mosaïques ou de pierre de rapport à la mode de Florence : « Toute la composition en étoit de pierres précieuses, d'agathes, de jaspe, de lapis lazuli et d'autres sortes desquelles ils formoient des paysages, des oiseaux, des fleurs, des fruits, qui servoient à embellir des cabinets ou des dessus de table[1]. Le Tellier, élève de ces maîtres, a continué ce rare travail qui demande une patience toute particulière; mais, depuis quelque temps, l'atelier n'existe plus[2]. »

Il reste encore au garde-meuble un grand nombre de tentures exécutées sous la direction de Le Brun, une suite à peu près complète de l'histoire de Louis XIV, des batailles d'Alexandre et de Constantin, des compositions de Raphaël et de Jules Romain, etc., etc. L'exposition permanente des Gobelins montre aussi quelques-unes de ces pièces toutes du plus haut intérêt pour l'histoire et l'étude de la fabrication des tapisseries modernes.

A partir de Colbert, mort en 1683, et de Le Brun, mort en 1690, les manufactures royales sont successivement administrées par MM. de Louvois de Villacerf, Mansard[3] (Jules-Hardoin), le duc d'Antin, Normand de Tournehem, de Vandières, de Marigny, d'Angivillier, de La Porte, surintendants des bâtiments royaux.

Les directeurs particuliers sont : Pierre Mignard[4], pre

1. Le dessus de table en mosaïque florentine actuellement placé au Louvre, dans la salle des émaux, faïences, etc., est l'un des remarquables produits de cet art; les marbres à teintes vives, le lapis-lazuli, le jaspe y forment des fleurs, des entrelacs, des oiseaux traités dans le style étoffé propre à la belle époque de Louis XIV.

2. Brice, *Description de la ville de Paris*.

3. J. H. Mansard fut chargé de la conduite de presque tous les bâtiments de Louis XIV. Il a fait le dôme des Invalides, la cascade de Saint-Cloud, la chapelle, l'orangerie, les écuries de Versailles, la place Vendôme et celle des Victoires à Paris, etc. (Nommé surintendant en janvier 1699.)

4. Depuis quatre ans Mignard remplissait ces fonctions, lorsque, par suite des guerres de cette époque et de l'épuisement des finances, on fut obligé de retirer les fonds destinés aux manufactures et de congédier la plupart des ouvriers. Les travaux, à peu près abandonnés, ne furent repris avec activité que vers 1698, trois ans après la mort de Mignard.

mier peintre du roi, successeur immédiat de Le Brun; Robert de Cotte, architecte, intendant des bâtiments royaux; Soufflot, architecte de l'église Sainte-Geneviève et intendant des bâtiments; Pierre, premier peintre du roi; Guillaumot, architecte et intendant des bâtiments. La révolution clôt, en 1792, cette double liste; elle déclare ces manufactures nationales et les place sous la direction du ministère de l'intérieur [1]. Dans cette longue période, plus de cent peintres d'histoire, de batailles, de paysages, de fleurs, d'ornements, apportent à la manufacture des Gobelins le tribut de leur talent et lui font suivre pas à pas toutes les vicissitudes du goût et de la mode, toutes les variations qui caractérisent l'art du XVIIIe siècle [2].

Elle traduit successivement en tapisserie :

Les quatre Saisons, d'après Mignard;

L'histoire d'Esther et celle de Jason et de Médée, toutes deux en sept pièces, d'après de Troy [3];

Plusieurs scènes du Nouveau Testament, d'après Jouvenet;

Les copies des tableaux du Vatican, d'après Boullogne;

Les douze Mois, d'après Lucas de Leyde;

L'histoire de Moïse, d'après le Poussin;

Une suite de portières à fond d'or et de soie, d'après Boullogne, Baptiste Monoyer, de Fontenay, Audran et autres;

Huit scènes du Nouveau Testament, d'après Restout;

L'histoire de Marc Antoine et de Cléopâtre, en trois pièces, d'après Natoire;

Une suite de tableaux allégoriques pour la chancellerie [4], d'après Coypel, Restout et autres;

1. Ce nouveau régime existant de fait en 1792 ne fut légalement constitué qu'après la mort de Louis XVI.

2. Voyez, à la suite de cette notice, la liste des peintres qui ont fourni des modèles à la manufacture des Gobelins.

3. La tenture d'Esther donnée en présent au roi d'Angleterre, meuble, dans le château de Windsor, la chambre d'audience et la chambre de présence de la reine.

La tenture de Jason et de Médée décore la salle de bal du même château. Toutes ces tapisseries sont d'une parfaite conservation.

4. Il était d'usage que le roi donnât à chaque nouveau chancelier la tenture dite de la chancellerie; MM. Voisin en 1716, d'Argenson en 1721, d'Armenonville en 1723, Chauvelin et d'Aguesseau en 1730, reçurent ce présent.

Huit sujets des Indes, d'après Desportes et autres[1];

Les chasses de Louis XV, en quatre tableaux, d'après Oudry;

Vingt et un sujets du roman de D. Quichotte, par Ch. Coypel;

Une suite de sujets mythologiques et de pastorales, par Boucher;

Le siége de Calais, la prise de Paris, d'après Berthelemy;

Plusieurs sujets de l'histoire de Henri IV, d'après Vincent et Le Barbier;

La continence de Bayard, d'après du Rameau;

L'assassinat de l'amiral Coligny, d'après Suvée;

La mort de Léonard de Vinci, d'après Ménageot;

Le triomphe d'Amphitrite, d'après Taraval;

Et une multitude d'autres sujets dont l'énumération serait beaucoup trop longue.

La plupart de ces tentures, répétées plusieurs fois, étaient données en présent aux cours étrangères, aux ambassadeurs, aux églises, aux parlements, aux cours de justice, aux princes du sang, aux grands fonctionnaires[2];

1. Les modèles originaux de cette tenture exécutés aux Indes et représentant des animaux, des fleurs, des fruits, des paysages, avaient été donnés au roi par le prince Maurice. Desportes reçut, en 1735, l'ordre de les renouveler, ce qu'il accomplit avec le concours de Houasse et Bonnemer, pour les figures, et de Fontenay pour les fleurs et les fruits.

2. En 1708, le roi donna à « sa majesté czarienne » une tenture, laine et soye, sujet des Indes, en huit pièces valant vingt-sept mille huit cent dix livres.

En 1717, « sa majesté czarienne » reçut quatre autres pièces d'une valeur de quarante-trois mille cent trente-une livres : *La Magdeleine chez le Pharisien*, *la Pesche miraculeuse*, *les Vendeurs chassés du temple*, *la Résurrection de Lazare*, d'après les tableaux de M. Jouvenet; plus un tableau en tapisserie représentant *une teste du Christ*, et un autre tableau représentant *une espagnolette*, les deux valant trois mille livres.

Le 11 octobre 1719, le roi donna au nonce du pape une tenture, laine et soie, représentant *les quatre Élements*, d'une valeur de vingt-cinq mille sept cent quarante livres

Le 30 janvier 1730, à M. le duc de Lorraine une tenture en or, d'après les dessins de Raphaël, en huit pièces, savoir : *le Jugement de Pâris*, *l'Enlèvement d'Hélène*, *le Mariage d'Alexandre*, *l'Hymen de Psyché*, *Vénus sur son char*, *Vénus et Adonis*, *une première Danse*, *une seconde Danse*, du prix de soixante mille sept cent cinq livres.

En 1736, au roi de Prusse une tenture du Nouveau Testament en sept pièces, d'après les tableaux de M. Jouvenet, plus quatre portières des dieux à fond d'or, d'après les dessins du sieur Audran, d'une valeur totale de quatre-vingt-sept mille cinq cent douze livres.

Sur la fin de ce siècle de magnifiques tentures furent aussi données en présent quelques-unes étaient vendues ou fabriquées sur commande[1]

Il en était de même des produits de la Savonnerie : les travaux accomplis dans cette manufacture, sur la fin du XVIIe siècle et pendant le XVIIIe, consistent en tapis de grande dimension pour la plupart, en siéges de diverses sortes, en portières, paravents, écrans, etc., dont les modèles étaient souvent fournis par des peintres de premier ordre, tels que Baptiste Monoyer, J. B. Blain de Fontenay, son élève, Desportes, etc. Parmi ces produits, on peut citer le tapis de la tribune de la chapelle de Versailles[2], celui de la chambre à coucher du roi, décoré au centre des armes royales portées par deux génies, et, aux quatre angles, de médaillons de forme circulaire représentant des paysages, tapis magnifique reproduit cinq ou six fois à la Savonnerie ; le grand tapis, de sept cent dix mètres de superficie, exécuté, en six parties, pour la galerie de Versailles, décoré de festons de fleurs et de fruits, de rinceaux immenses et de l'écu de France, supporté par deux génies ailés ; trente-huit sujets des fables de La Fontaine exécutés en paravents[3], une suite de tapis de pied, de dimensions diverses, exécutés d'après quatre-vingt-douze modèles extraits de la décoration de la voussure de la grande galerie du Louvre, représentant des fleurs, des fruits, des animaux, et, sur les coins, des paysages et figures en camaïeu[4]; plusieurs portraits, entre autres celui de Louis XV, présenté à ce prince, en 1770, par l'entrepreneur du Vivier[5].

aux rois de Suède, de Danemark, au comte et à la comtesse du Nord, au prince Henri, frère du roi de Prusse (*Extrait des Mss de la Bibl. nat.*).

1. En 1763, il fut vendu, au profit du roi, par le directeur de la manufacture, pour soixante-seize mille deux cent quatre-ving-seize livres de tapisseries.

En 1769 on exécuta en tapisserie pour le prince de Condé la tenture d'un lit magnifique dont les modèles avaient été faits, depuis 1760, par un peintre nommé Jacque.

Vers la même époque, il fut fait, sur commande, plusieurs pièces de tapisserie pour M. le duc de Northumberland, mylord Coventry, mylord Fife et M. Widdall.

2. Exécuté sous la direction du petit-fils de P. du Pont.

3. Il reste à Trianon un magnifique paravent en huit feuilles, exécuté sur quelques-uns de ces modèles.

4. Les nombreux emblèmes de la royauté existant dans cette décoration ont déterminé sa complète destruction, à l'époque de l'établissement du musée de peinture

5. Les tapis étaient livrés au roi, à raison de six cents livres l'aune carrée. Le roi ne

Parmi les membres du personnel de la manufacture des Gobelins qui, dans le XVIIIe siècle, ont le plus contribué à la perfection des travaux de tapisserie, une mention toute particulière est due au chef d'atelier Neilson et au directeur Guillaumot : le premier fut, en 1749, sous l'administration de M. de Tournehem, chargé de conduire la fabrique de basse lisse et y introduisit de grandes améliorations; les métiers étaient alors en mauvais état et la plupart dépourvus du matériel nécessaire; les bons ouvriers n'y étaient plus qu'en petit nombre par suite de l'inexécution des articles 6 et 7 de l'édit de 1667, portant qu'il sera formé des apprentis qui devront *être placés dans le séminaire du directeur*[1]; l'administration s'était déjà trouvée dans la nécessité d'en faire venir des manufactures de Flandre, de Beauvais ou d'Aubusson, la plupart sans talent et incapables d'en donner à des élèves; mais le plus grave des inconvénients existant alors dans la manufacture, quelques efforts qu'eussent faits Le Brun et ses successeurs pour y remédier, était la destruction des modèles : on appliquait les tableaux sur la chaîne du métier de haute lisse pour en calquer directement les contours, ce qui les brisait en tous sens; on les coupait par bandes pour les placer sous la chaîne du métier de basse lisse, où ils restaient pendant toute la durée du travail nécessaire pour les reproduire en tapisserie; aussi, à l'époque de l'entrée en fonctions de Neilson, la plupart des modèles exécutés à grands frais, sous Louis XIV, étaient-ils déjà presque complétement hors de service.... Neilson, qui fournit dans la manufacture une très-longue carrière (1749-1788), mit or-

fournissait à l'entrepreneur que les bâtiments et les métiers. La fabrication, à partir de Philippe Lourdet, a été successivement entre les mains de du Pont, petit-fils du fondateur, de M. de Noinville, et, pendant trois générations, entre celles de la famille Duvivier. En 1792, le dernier entrepreneur, M. Duvivier (Saint-Ange), fut nommé directeur particulier de la Savonnerie, et remplit ces fonctions jusqu'en 1826, époque de la réunion de la manufacture des tapis à celle de tapisseries des Gobelins.

1. Louis XIV occupait trop son premier peintre Le Brun pour qu'il pût donner ses soins au détail d'un pareil *séminaire* ; il n'eut donc pas lieu sous sa direction, et les ouvriers se formèrent, comme ils purent, des apprentis dont le nombre alla toujours en diminuant. Les directeurs qui succédèrent immédiatement à Le Brun ne s'en occupèrent pas davantage, et cet oubli conduisait évidemment la manufacture à sa décadence.

dre aux abus ; il substitua très-heureusement, dans la haute et la basse lisse, un calque sur papier dioptique ou transparent au tableau lui-même, dans tous les cas où celui-ci s'appliquait sur la chaîne[1]. Sa méthode, qui, depuis, a toujours été employée, permit de conserver les modèles parfaitement intacts. Il perfectionna le métier à basse lisse[2] et établit chez lui un *séminaire* de douze enfants qui, formés de bonne heure dans la pratique de cet art difficile et se succédant, selon le vœu du fondateur, sans interruption, les uns aux autres, dispensèrent la manufacture de se recruter au dehors en ouvriers médiocres ou incapables.

Ces travaux, et surtout les améliorations faites par Neilson dans la fabrique de basse lisse, lui suscitèrent, parmi ses collègues, une vive opposition ; le directeur général, M. de Marigny, dut interposer son autorité, examiner par lui-même les détails des deux fabrications et ordonner, en 1760, une épreuve[3] dont le résultat fut 1° que la méthode de Neilson était économique ; 2° que, seule, elle avait l'avantage de produire la tapisserie sur le calque même de l'original, sans détruire celui-ci et dans le même sens que lui[4] ;

1. Dès 1737, dans un comité réuni chez l'intendant des finances, M. Fagon, et dont faisaient partie les peintres Coypel, Oudry, Chastellain, inspecteur de la manufacture des Gobelins et les chefs d'atelier entrepreneurs Cozette, Audran, Montmerqué, Leblond ; Neilson qui n'était pas encore entrepreneur, avait exposé et fait adopter sa méthode.

2. En 1750 Neilson imagina un nouveau métier en bascule, composé d'un bâtis capable de soutenir les deux rouleaux ou ensouples et les deux jumelles ; au milieu de ces deux dernières se place un boulon qui fait l'office de pivot et qui permet de mettre le métier dans une situation verticale ou horizontale, et de voir quand on le veut, la tapisserie à l'endroit. Le modèle en petit de ce nouveau métier fut en 1756, par ordre de M. de Marigny, directeur général, remis à Vaucanson qui l'exécuta en grand. (Mss. de la Bibl. nat.)

3. L'exécution simultanée par les trois chefs d'atelier de quatre pièces de tapisseries, d'après les plus célèbres peintres de l'Académie royale ; deux par Cozette père et Audran, entrepreneurs de haute lisse, et les deux autres par Neilson. Lorsque les quatre pièces furent achevées, M. de Marigny les fit placer dans son hôtel à Paris, et invita les plus habiles peintres et amateurs à donner leur avis. Il fut entièrement favorable au procédé de Neilson ; on trouva ses tapisseries aussi parfaites que celles qui avaient été fabriquées en haute lisse.

4. Dans l'ancienne fabrique de basse lisse, le tableau était reproduit à l'envers ; on n'évitait ce grave inconvénient qu'en faisant des modèles en sens inverse des tableaux originaux ; *la Bataille de Porus*, *le Passage du Granique* et autres sujets de l'histoire d'Alexandre ont été peints *à l'envers*, pour basse lisse, par Revel et Yvart le fils.

3° que les ouvrages de Neilson présentaient plus de perfection dans les fleurs, les animaux à poils et à plume, et dans les sujets délicats chargés de petits détails.

A dater de ce jour, les procédés de Neilson furent donc exclusivement employés dans la fabrique de basse lisse.

La teinturerie des Gobelins était, à cette époque, tombée dans une sorte de décadence : le teinturier Kercoven, autrefois appelé des Pays-Bas pour fonder cette partie de l'établissement, avait vécu assez pour former un immense magasin *d'étoffes* de toutes couleurs et de toutes nuances, qui suffit, pendant de longues années, à la plus grande partie de la fabrication; mais aucun élève vraiment digne de ce maître ne lui avait succédé, et l'administration dut prendre le parti de faire surveiller la teinturerie par les personnes les plus intéressées à la bonté de ses produits, c'est-à-dire par les entrepreneurs eux-mêmes. Cozette père, Neilson et Audran furent donc successivement chargés de ces importantes fonctions. Neilson les remplit, à partir de 1773, et mit, dès lors, toute son activité au perfectionnement des procédés de teinture qui ne constituaient plus qu'une véritable routine. Les résultats remarquables de son travail[1] sont consignés dans le rapport de commissaires régulièrement nommés pour cet examen et dans deux ouvrages inédits intitulés : 1° *Physique complète de l'art de la teinture fondée sur l'histoire naturelle des trois règnes*; 2° *Manuel de la manipulation, contenant les doses, le poids, le prix de chaque couleur, pour dix livres de laine, divisée en vingt nuances.* Neilson composa aussi, avec le concours de son élève Quemizet, très-habile teinturier[2], *un tableau coloré* de plus de vingt mille nuances de

1. M. d'Angiviller, directeur général, écrivait à ce sujet, le 3 avril 1780, à Soufflot, directeur particulier de la manufacture des Gobelins : « J'ai vu avec plaisir que, sur cent cinquante tons de couleur dont les épreuves ont été faites, plus de cent sont supérieurs aux anciennes teintures, par leur solidité et l'accord qu'ils conservent; d'ailleurs M. Macquer, chimiste, m'a rendu compte de l'ordre que le sieur Neilson a mis dans ce travail, jusqu'alors livré à une routine incertaine et qui, moyennant ses soins, présentera une suite de procédés propres à assurer à jamais à la manufacture la solidité de ses teintes. »

2. Quemizet reçut de l'administration une gratification de deux mille quatre cents francs pour un recueil des procédés de teinture sur soie de sa composition.

laine teinte, méthodiquement disposées sur papier grand raisin.

Le directeur Guillaumot (nommé en avril 1789)[1] prit l'initiative d'une mesure de laquelle date un progrès très-remarquable dans la fabrication des tapisseries, la suppression du travail à la tâche et le payement des artistes-ouvriers à la journée; les chefs d'atelier entrepreneurs n'avaient alors pour traitement qu'une taxe de cent vingt livres sur chaque aune de tapisserie fabriquée, et comme les ouvriers étaient aussi à la tâche, tous avaient un puissant intérêt à fabriquer vite et à ne point perfectionner : l'entrepreneur ne faisait pas volontiers recommencer la besogne mal faite, parce qu'il n'avait rien à prétendre sur la portion de tapisserie détruite; l'ouvrier, à plus forte raison, se gardait bien de couper son travail; de là des incorrections de dessin et de coloris, des malfaçons plus ou moins apparentes auxquelles les peintres préposés à l'inspection des ateliers ne pouvaient que difficilement obvier. Ce nouveau mode de payement, approuvé par le directeur général d'Angiviller, le 31 décembre 1789, fut immédiatement appliqué aux cent seize maîtres et aux dix-huit apprentis existant alors dans la manufacture[2].

L'administration de M. Guillaumot fut encore signalée par le perfectionnement des métiers de haute lisse[3] et par

1. Il succédait à M. Pierre, premier peintre du roi, qui lui-même, avait remplacé Soufflot, directeur de la manufacture pendant près de trente ans.

2. On les partagea en quatre classes, d'après leurs talents divers; ceux des classes inférieures ayant l'expectative de monter aux classes supérieures en augmentant de talent. Ce régime produit moins d'ouvrage; mais le travail est plus parfait, puisque aucun motif d'intérêt ne porte le fabricant à mal faire pour produire davantage; et c'est la perfection qu'on doit rechercher dans cet établissement, sans quoi *il est inutile de le conserver.* (Guillaumot, *Notice sur la manufacture des Gobelins*, p. 21.)

3. « . . . On vous a décrit les métiers que notre collègue, M. Guillaumot, directeur actuel, a récemment imaginés et dont les perfectionnements sont tellement supérieurs à ceux des Neilson, des Vaucanson, qu'il paraît difficile d'imaginer rien d'aussi parfait, d'aussi commode, tant pour l'ouvrier que pour la jouissance continuelle et la conservation des tableaux.

« Ces nouveaux métiers vont être mis en activité et convaincront les détracteurs de ce superbe établissement que les tableaux n'y souffriront pas plus que lorsqu'on les grave..... » (*Rapport* du 13 pluviôse an XII.)

Comme membre de cette société, M. Guillaumot ne peut recevoir de vos mains-

diverses améliorations consignées dans deux rapports à l'Athénée des arts, des 27 pluviôse an IX et 13 pluviôse an XII.

La manufacture des Gobelins subit, en 1792, un échec considérable par le fait des réformes trop radicales du ministre Roland : les trois peintres qui y étaient attachés[1], et le chimiste directeur de la teinturerie[2], furent renvoyés comme inutiles, l'école de dessin fut fermée et le directeur de la manufacture, Guillaumot, remplacé par le sieur Audran[3], l'un des trois chefs d'atelier entrepreneurs existants alors dans la maison[4]. A cette même époque, les ateliers autres que ceux de tapisserie qui n'étaient plus occupés que par un très-petit nombre d'orfévres, horlogers, ébénistes et menuisiers furent supprimés[5].

Le directeur Audran, après moins d'un an d'exercice de

la couronne que l'Athénée destine aux inventions utiles, et que lui mériteraient ses talents, son zèle et sa persévérance. Vous ne pouvez que lui donner solennellement un témoignage de reconnaissance pour les perfectionnements qu'il a imaginés et que son caractère doux et liant a fait adopter, malgré la puissance des habitudes, dans l'établissement confié à ses soins, et qui, ainsi régénéré, honorera à jamais l'industrie nationale. . . . » (*Rapport* du 27 pluviôse an IX.)

1. Le surinspecteur Belle (Clément-Louis), l'inspecteur Peyron et le peintre de fleurs Malaine.

2. L'emploi de directeur de la teinturerie avait été créé par le surintendant des bâtiments, d'Angiviller, sur la proposition du directeur de la manufacture, Soufflot, qui portait un grand intérêt au perfectionnement de la teinture. Successivement occupé par les chimistes Macquer et Cornette, cet emploi était, au moment des réformes de 1792, entre les mains du célèbre Darcet (né en 1725, mort en 1801.)

3. Le 4 septembre 1792.

Audran se recommandait à l'attention du ministre par quarante ans de travail dans la manufacture et par les détails qu'il avait fournis quelques années auparavant aux rédacteurs de l'*Encyclopédie*, sur la teinture des laines et des soies employées dans la fabrication des tapisseries.

4. Dès 1790, elle avait été, ainsi que la manufacture de Sèvres, violemment attaquée par Marat, dans son journal intitulé : *l'Ami du Peuple* ; il écrivait (le 17 août) : « On n'a nulle idée chez l'étranger d'établissements relatifs aux beaux-arts, ou plutôt de manufactures à la charge de l'État ; l'honneur de cette invention était réservé à la France. Telles sont, dans le nombre, les manufactures de Sèvres et des Gobelins; la première coûte au public plus de deux cent mille francs annuellement, pour quelques services de porcelaine dont le roi fait présent aux ambassadeurs ; la dernière coûte cent mille écus annuellement, on ne sait trop pourquoi, si ce n'est pour enrichir des fripons et des intrigants . . . »

5. Un état des *orfévres et autres* gagnant maîtrise dans la manufacture des Gobelins, pour l'année 1784, donne les noms de trois maîtres et de *huit apprentis du roi* en orfévrerie, de deux maîtres et d'un apprenti en horlogerie, d'un compagnon et d'un apprenti en ébénisterie et d'un apprenti en menuiserie, employés et pour la plupart logés dans la manufacture des Gobelins. (Archives nat.)

ses fonctions, soupçonné d'*incivisme*, dénoncé à la section dite du Finistère, est arrêté et subit à Sainte-Pélagie une détention de dix mois. Le 13 novembre 1793, il est destitué.

Ce même jour, le peintre Augustin Belle, fils de l'ancien sous-inspecteur, est nommé directeur de la manufacture.

Le 22 novembre 1793, le directeur demande au ministre de l'intérieur l'autorisation de brûler, au pied de l'arbre de la liberté qui sera érigé dans la cour de la manufacture, le décadi 10 frimaire, en l'honneur des martyrs de la liberté Marat et Lepelletier, certaines tapisseries parsemées « de fleurs de lis, de chiffres et d'armes ci-devant de France. »

Le ministre accorde cette autorisation.

Le 30 novembre 1793, la tenture dite de la chancellerie, la tapisserie représentant la visite de Louis XIV aux Gobelins et plusieurs portières sont brûlées, en cérémonie, au pied de l'arbre de la liberté.

Le 24 mai 1794, les manufactures des Gobelins, de Sèvres, de la Savonnerie, de Beauvais et les établissements ruraux de Rambouillet sont placés sous la surveillance et la direction de la commission dite de l'agriculture et des arts[1].

Le 17 juillet 1794, arrêté du comité de salut public instituant un jury d'artistes pour examiner les tableaux existants aux manufactures nationales des Gobelins et de la Savonnerie, déterminer ceux qui, à raison de leur perfection, méritent d'être exécutés par les artistes des manufactures, et exclure tous ceux qui présentent des emblèmes ou des sujets incompatibles avec les idées et les mœurs républicaines.

Le 20 août 1795, nomination par le comité de salut public des membres composant le jury des arts : Prudhon, Ducreux, Percier, architecte, Bitaubé, homme de lettres, Moette, Legouvé, homme de lettres, Monvel, acteur et homme de lettres, Vincent, peintre d'histoire, Belle, directeur des Gobelins, Duvivier, directeur de la Savonnerie.

Indépendamment de l'examen des tableaux, ils doivent procéder au classement des ouvriers des manufactures nationales.

1. Arrêté du comité de salut public. (Archives nat.

Le 10 septembre 1794, le jury des arts se transporte aux Gobelins et commence l'examen des tapisseries sur le métier. Il termine son travail en seize séances (du 10 au 25 septembre 1794); douze tapisseries en cours d'exécution sont supprimées comme présentant des sujets incompatibles avec les idées républicaines[1]. Parmi celles que l'on conserve, certaines modifications ayant pour but de faire disparaître des emblèmes de la royauté sont introduites[2]; sur trois cent vingt et un modèles ou tableaux existants dans la collection de la manufacture, cent vingt sont éliminés comme antirépublicains, fanatiques ou immoraux[3], cent trente-six rejetés sous le rapport de l'art, quarante-cinq regardés comme hors de service, ainsi qu'une multitude de bordures et de

1. Les procès-verbaux du jury s'expriment ainsi au sujet de quelques-unes de ces tapisseries : « *Le Siége de Calais*, par Berthelemi ; sujet regardé comme contraire aux idées républicaines; le pardon accordé aux bourgeois de Calais ne leur étant octroyé que par un tyran, pardon qui ne lui est arraché que par les larmes et les supplications d'une reine et du fils d'un despote; rejeté. En conséquence, la tapisserie sera arrêtée dans son exécution. »

« *Héliodore chassé du temple*, copie de Raphaël par Noël Nallé; sujet consacrant les idées de l'erreur et du fanatisme; d'ailleurs copie très-défectueuse d'un superbe original, et conséquemment à rejeter; la tapisserie sera discontinuée. »

2. « *La robe empoisonnée*, par de Troy; rejeté comme présentant un sujet contraire aux mœurs républicaines; mais la tapisserie, étant presque achevée, sera terminée avec la suppression des deux diadèmes qui sont sur la tête de Créuse et de son père. »

« *Jason domptant les taureaux*, par de Troy. Le sujet est rejeté comme contraire aux idées républicaines; la tapisserie étant faite à moitié, sera terminée à la longueur de quatorze pieds, un peu au delà de la figure de Jason déjà faite, et, par ce moyen, elle offrira un ensemble, sans présenter les personnages de Médée et du roi son père, qui blesseraient les yeux d'un républicain. »

3. « *Méléagre entouré de sa famille qui le supplie de prendre les armes pour repousser les ennemis prêts à se rendre maîtres de la ville de Calydon*; tableau dont le sujet ne paraît pas compatible avec les idées républicaines, relativement au sentiment qui dirige Méléagre, lequel est sur le point de sacrifier sa patrie à l'esprit de vengeance dont il est animé, et qui, près de voir son palais réduit en cendres, se rend moins à l'amour de son pays qu'à son intérêt personnel; conséquemment tableau à rejeter. »

« *Mathatias tuant des impies*, par Lépicié ; sujet fanatique, tableau rejeté. »

« *La veuve du Malabar*, par Lagrenée l'aîné ; sujet rejeté comme présentant des idées atroces. »

« *Cléopâtre au tombeau de Marc Antoine*, par Ménageot : sujet rejeté comme immoral. »

« *Polyxène arrachée des bras de sa mère*, par Ménageot : sujet à rejeter, d'après les personnages qu'il retrace et les idées antirépublicaines qu'il rappelle. » (Extrait des procès-verbaux du jury des arts, Archives nat.)

fragments, enfin vingt tableaux[1] trouvent grâce devant le rigorisme du jury[2].

Cet immense holocauste aux idées du temps ainsi accompli, le jury des arts se transporte à la Savonnerie et rejette tous les modèles, les uns parce qu'ils sont usés et le plus grand nombre parce qu'ils contiennent des emblèmes antirépublicains; par exception, cependant, deux tableaux de Malaine, « représentant des fleurs sur un fond mordoré » sont conservés.

Le 7 vendémiaire an III (28 septembre 1794), le jury se réunit chez le citoyen Vincent et approuve son tableau de : Zeuxis se choisissant un modèle parmi les plus belles filles de la Grèce.

Il se transporte :

Chez le citoyen David et arrête que les tableaux de ce peintre : Brutus et le Serment des Horaces sont à conserver, sous tous les rapports.

1. *La Mort de Socrate*, par Peyron; *la reconnaissance d'Oreste et d'Iphigenie*, par Regnault: *Combat des Romains et des Sabins, apaisé par les femmes sabines*, de Vincent: *Fête à Palès*, par Suvée: *Assassinat de Coligny*, par le même; *Junon parée de la ceinture de Vénus vient trouver Jupiter*: cinq tableaux de l'histoire de Psyché, par Boullogne, d'après Jules Romain: *l'École d'Athènes*; *l'Hiver*, par Le Brun; *Mort de Méléagre*, par le même: *Chasse de Méléagre*, par le même: *le Jugement de Pâris*, par Mignard: quatre-vingt-seize études d'animaux, par Boels, portant un seul numéro: *Danses*, d'après Jules Romain, par Mignard; *le Parnasse*, d'après Raphaël: *Projet d'Alentours*, esquisse représentant Zéphire et Flore, avec des ornements dans le genre arabesque, *idem*.

2. Ou plutôt de la Convention dont les instructions étaient précises : « . . . . dans le grand nombre de tableaux qui existent, soit aux Gobelins, soit à la Savonnerie, il en est beaucoup qui présentent des emblèmes et des mœurs qui ne peuvent être tolérés dans une république. Si des artistes ont prostitué leur talent au pouvoir et à la corruption, le gouvernement ne doit pas se rendre complice de leur infamie, en multipliant, en honorant, pour ainsi dire, les monuments de leur bassesse. »

« Il est d'autres tableaux dont la composition n'a pas été assez soignée: leurs auteurs ont quitté le beau pour se jeter dans la prétention et la manière. Nous devons, par respect pour le peuple, n'offrir à ses applaudissements que des objets qui en soient dignes: il faut lui former un goût aussi sûr, aussi droit que son sens moral .... » (*Instruction de la Commission des arts et de l'agriculture donnée au jury des arts le 25 août 1794*. Archives nat.)

« Seront exclus de l'exécution en tapisserie tous les tableaux présentant des emblèmes ou des sujets incompatibles avec les idées et les mœurs républicaines. »

« Les emblèmes proscrits, qui ne se trouveraient dans les tableaux que comme accessoires, pourront, sur l'avis du jury, être remplacés par des emblèmes de son choix. » (*Arrêté du Comité de salut public du 17 juillet 1794*.

Chez le citoyen Regnault et après avoir vu son tableau du Serment républicain, *la liberté ou la mort!* arrête qu'il est admissible, sous tous les rapports.

Chez le citoyen Lemonnier et rejette le tableau de ce peintre : Cléombrote et Chilonis.

Le 3 octobre 1794, le jury des arts arrête le programme d'un concours pour la création de modèles propres à la manufacture de la Savonnerie ; les peintres ou décorateurs qui voudront concourir sont invités « à suivre, dans leurs compositions, le bon goût et le beau style antiques dont l'architecture et tous les arts se rapprochent en général. De plus, comme le mécanisme des travaux de la Savonnerie consiste en meubles de divers genres, tels que banquettes, canapés, chaises, fauteuils, tabourets, paravents, portières, écrans, tapis dans le genre des mosaïques antiques, et dont les formes et mesures différentes comportent différents procédés, ne permet pas l'exécution des détails minutieux, les artistes auront soin de ne proposer, dans leurs projets, que des formes prononcées et d'un goût simple et grand, et de n'y point mêler des figures humaines qu'il serait révoltant de fouler aux pieds dans un gouvernement où l'homme est rappelé à sa dignité, ne comprenant toutefois, dans cette acception, aucune espèce de chimères, telles que centaures, tritons et autres monstres. »

Les objets mis au concours sont :

Des tapis de diverses formes et grandeurs;

Des portières de dix pieds de haut sur huit de large;

Des portières, en deux parties, de douze pieds de haut sur quatre et demi de large;

Des paravents de quatre, six et huit pieds de haut, sur deux pieds six pouces de large pour chaque feuille;

Des banquettes de sept pieds de long, sur deux pieds six pouces de large;

Tabourets, canapés, bergères à côtés pleins, fauteuils, chaises, écrans de différentes grandeurs et dans les dimensions généralement reçues....

Les dessins seront peints ou coloriés....

Le 6 octobre 1794, le jury des arts détermine les conditions d'un concours pour fournir des modèles à la manufacture des Gobelins....

« .... Pour les sujets historiques, il recommande aux artistes de s'inspirer, avant tout, des grandes scènes de la révolution française, des actions héroïques des guerriers qui, depuis 1789, ont combattu pour le salut de la patrie.... il faut rappeler à nos descendants tous les actes de vertu qui, parmi nous, et chez les nations anciennes et modernes ont honoré l'humanité ; égayer l'imagination par des sujets agréables puisés dans la Fable et dans les poëmes qui, depuis tant de siècles, sont en possession de notre estime; couvrir une vérité utile du voile ingénieux de l'allégorie, charmer les yeux, plaire à l'esprit et l'instruire; respecter les mœurs et la sévérité des principes républicains.

« Voilà ce qui doit animer les artistes qui voudront consacrer leur talent à la régénération de cet établissement qui, sous tous les rapports, réunit l'utilité, l'agrément et la magnificence. »

Le 30 octobre 1794, le jury des arts se transporte dans la galerie du Muséum et dans les salles de la ci-devant Académie de peinture pour y faire choix de modèles pour la Savonnerie et les Gobelins qui se trouvent absolument, surtout la Savonnerie, dénués de modèles depuis le rejet des anciens et avant que le concours ouvert ait produit un résultat : pour la Savonnerie, le jury choisit :

Deux tableaux de fleurs et de fruits par Ladey;

Une chasse à l'ours, une table garnie de différents oiseaux et animaux, par Sneyders;

Différents morceaux accessoires de chasse et autres, par Benedetto Castiglione;

Une chasse au lion, par Bachelier;

Une chasse à l'ours, par le même;

Il choisit pour les Gobelins :

Borée et Orithye, par Vincent [1].

1. La tapisserie exécutée sur ce modèle par Claude père, l'un des plus habiles artistes de la manufacture des Gobelins, est le premier que l'on ait fait dans le sens droit. « Jusqu'à présent, dit M. Guillaumot, on a toujours renversé, sur le côté, le tableau à exécuter, en plaçant sa hauteur parallèlement à la longueur du métier.

L'Étude voulant arrêter le Temps, par Ménageot ;

L'Éducation d'Achille, par Regnault ;

La Paix ramenant l'Abondance, l'Innocence se réfugiant dans les bras de la Justice, par la citoyenne Le Brun ;

Déjanire et Nessus, par le Guide ;

Antiope, par le Corrége ;

Un tableau représentant Clio, Thalie et Euterpe ;

Un autre représentant Melpomène, Polymnie, Érato ;

Et un tableau représentant Terpsichore, par Le Sueur.

Le 10 mai 1794, décret de la Convention nationale relatif aux tableaux à exécuter en tapisserie à la manufacture des Gobelins :

« La Convention nationale, après avoir entendu le rapport de son comité d'instruction publique, décrète :

« Art. 1er. Les tableaux qui, d'après le jugement du jury des arts auront obtenu les récompenses nationales, seront exécutés en tapisserie à la manufacture des Gobelins.

« Art. 2. Il sera fait incessamment, sous la surveillance de David, des copies soignées des deux tableaux de *Marat* et *Pelletier*[1], pour être remises à cette manufacture et y être exécutées. »

en sorte qu'au lieu d'être éclairé de gauche à droite, il l'est de bas en haut ; d'où il résulte que l'aspect de la tapisserie, tant pour le fabricant que pour le spectateur, n'est point celui de la pièce lorsqu'elle est achevée et mise en place ; ce qui est très-désagréable.... Le défaut d'habitude a fait trouver le travail plus difficile que par la méthode ordinaire ; mais la persévérance du sieur Claude père a vaincu tous les obstacles, et aujourd'hui tous les morceaux s'exécutent de cette manière. » (*Notice sur la manufacture des Gobelins*, p. 25.)

1. Marat y était représenté *dans le moment où ayant reçu le coup de poignard de Charlotte Corday, dans sa baignoire, le sang s'échappait à grands flots de sa blessure.* Michel Le Pelletier, tué par le garde du corps Pâris, était représenté *couché sur son lit de mort, le glaive ensanglanté qui était encore dans sa blessure traversait un papier sur lequel on lisait ces mots : « Je vote pour la mort du roi. »* (Ces deux tableaux, malgré le décret ci-dessus, n'ont pas été reproduits en tapisserie.)

Au sujet de la manufacture des Gobelins et des tableaux de David, le ministre de l'intérieur, Paré, écrivait à ce peintre, le 20 octobre 1793 :

« Parmi les établissements publics confiés à mon administration, il en est un bien intéressant pour les arts et auquel ton talent, dans celui que tu professes, doit te faire un devoir d'être utile : c'est la manufacture des Gobelins. Longtemps courbée sous l'influence de nos tyrans qui la prostituaient à leurs insolents ou frivoles caprices, elle n'a ses magasins remplis que de tableaux propres à perpétuer leur ignoble souvenir, et les habiles et peu aisés ouvriers dont elle doit assurer la sub-

Le 6 juin 1794, un secours provisoire de trente mille livres est accordé par le comité des arts et de l'agriculture aux artistes et ouvriers des manufactures des Gobelins et de la Savonnerie qui, « à raison de la cherté des subsistances, éprouvent les besoins les plus pressants. »

Le 18 août 1794, arrêté du comité de salut public qui remet en activité l'atelier de teinture de la manufacture des Gobelins. Le teinturier Galley est placé à la tête de cet atelier (8 novembre 1794).

Le 27 juillet 1794, exécution du tapissier haut-lissier Mangelschot, âgé de trente ans, officier de la garde nationale, arrêté quelque temps auparavant pour avoir, dans un club, interrompu par une simple observation[1] le discours véhément d'un conventionnel.

Le 25 septembre 1794, arrêté du comité d'agriculture et des arts pour le classement des artistes-ouvriers des manufactures des Gobelins et de la Savonnerie; ils sont dis-

sistance me sollicitent avec instance de leur procurer des originaux plus dignes de leur civisme; ne pourrais-tu pas m'y aider?... Tes deux tableaux de Le Pelletier et de Marat seraient intéressants à multiplier et vaudraient bien, dans les auditoires de tribunaux, ou dans les salles d'assemblée des corps administratifs, les tristes crucifix ou les portraits de rois harnachés dont notre gothique et servile superstition avait coutume de les parer. Je t'invite, David, à examiner cette idée et à la faire valoir, si tu l'approuves. Je t'invite pareillement et en général à t'occuper des moyens de procurer aux Gobelins des originaux républicains. Il serait possible qu'un fonds spécial, accordé pour cet objet, fit partie des encouragements qu'il serait convenable de dispenser aux peintres; et ce serait servir tout à la fois et la peinture que tes talents honorent, et que tes soins cherchent à secourir, et un atelier précieux qui en a retracé souvent et avec tant de succès les plus célèbres productions. (Archives nat.)

1. « *Mais pour qui et contre qui cette levée en masse?...* » Des amis officieux, pour le rendre le plus tôt possible à sa famille et à la liberté, avaient hâté sa mise en jugement; mal lui en prit, puisque le jour même de son exécution, Robespierre était mis hors la loi, et qu'un jour plus tard il eût été libre. Mangelschot, homme aussi honorable qu'énergique et à qui on n'avait aucun reproche à faire, même sous le rapport du civisme, se défendit si bien devant le tribunal révolutionnaire, que, dans toute la salle, on disait : « Le tapissier se sauvera!... » Pendant ce temps, son frère, aussi tapissier, engagé volontaire, défendait la république sous les drapeaux.

Deux ans auparavant la manufacture des Gobelins avait payé, une première fois, le tribut du sang à la révolution, dans la personne de l'aumônier, M. de La Fernelle, emprisonné et massacré avec un grand nombre de prêtres.

Enfin, le 2 septembre 1792, le portier de la maison, Suisse d'origine, Marcnet du Fribourg, était devenu fou en voyant l'un des septembriseurs de Bicêtre et de la Salpêtrière aiguiser son sabre pour le tuer.

tribués en quatre classes et payés, de mois en mois, à raison de :

7 livres par jour, en première classe,
6 livres *idem*, en seconde classe,
5 livres *idem*, en troisième classe,
4 livres *idem*, en quatrième classe.

Les apprentis, distribués en trois classes, reçoivent un encouragement ou indemnité calculée sur leur talent et leur mérite; elle est de :

2 livres par jour, en première classe,
1 livre 5 décimes, en seconde classe,
1 livre 25 centimes, en troisième classe.

Par le même arrêté, M. Duvivier, ancien entrepreneur de la Savonnerie, est chargé de diriger cet établissement.

Le 23 février 1795, arrêté du comité d'agriculture et des arts qui accorde aux ouvriers des manufactures des Gobelins, de Sèvres et de la Savonnerie, à cause de la cherté croissante des denrées, un supplément de solde montant au tiers de leur traitement.

Le 14 avril, arrêté[1] du même comité qui rétablit Audran dans les fonctions de directeur des Gobelins.

Le 7 juin, le peintre Belle (Clément-Louis), ancien in-

1. Le comité d'agriculture considérant que la détention du citoyen Audran, directeur de la manufacture nationale des Gobelins, et la destitution qui en a été la suite et peut être le motif, ne peuvent être regardées que comme des actes purement arbitraires qu'il est de son devoir de réparer, arrête :

« Art. 1er. Le citoyen Audran est rétabli dans sa place de directeur de la manufacture nationale des Gobelins.

« Art. 2. La commission d'agriculture est autorisée à payer au citoyen Audran les indemnités attachées à cette place, depuis l'époque à laquelle il a cessé de les recevoir.

« Art. 3. La commission d'agriculture est autorisée à reprendre le fonds des soies et des laines qu'avait le citoyen Audran, comme chef d'atelier, et à lui rembourser ces objets au même prix qu'ils lui avaient été vendus par le gouvernement.

« Art. 4. La commission d'agriculture est chargée de l'exécution du présent arrêté.

« *Signé* B. SAUVEUR, PRECY, HIMBERT, POULLAIN, GRANDPREY, P. FLIEGER. »

specteur des travaux d'art et professeur de l'école de dessin, est rétabli dans ces fonctions.

Le 20 juin, mort du directeur Audran.

Le 29 juin, il est remplacé par l'ancien directeur Guillaumot.

Le 20 août, pétition des ouvriers de la manufacture des Gobelins à la commission d'agriculture et des arts réclamant une augmentation de traitement; le prix de tous les objets de consommation, disent-ils, est augmenté dans d'effrayantes proportions : le pain coûte de douze à seize sous la livre, la viande vaut de huit à dix francs la livre, un boisseau de pommes de terre, vingt-quatre à trente francs (il a valu jusqu'à quarante-huit francs), une chemise coûte deux cents francs, un chapeau, cent cinquante, une paire de souliers, cent à cent trente francs, une voie de bois de quatre à cinq cents francs. Le prix de tous ces objets est, en général, décuplé, le traitement des ouvriers de la manufacture devrait donc être augmenté dans cette proportion; cependant il n'est que triplé, ce qui les met dans la plus grande détresse. Les ouvriers du dehors sont beaucoup mieux traités; les simples manœuvres employés dans les carrières gagnent quinze francs par jour, les Limousins, dix-huit francs; les carriers, vingt et un francs; les commis, vingt-quatre francs.

La commission d'agriculture, reconnaissant la justesse de ces observations, propose, et le comité d'agriculture, par arrêté du 5 septembre 1795, accorde un nouveau supplément de cinq francs qui, ajouté aux précédents, porte le traitement total des ouvriers des manufactures des Gobelins et de la Savonnerie à :

20 fr. 33 c. par jour pour la première classe,
19 fr. *idem* pour la seconde classe,
17 fr. 66 c. *idem* pour la troisième classe,
16 fr. 33 c. *idem* pour la quatrième classe.

Le 23 octobre 1795, arrêté du comité de salut public qui accorde une livre de pain et une demi-livre de viande par personne et par jour. Cette prestation est fournie pendant un an.

Toutes ces augmentations ne remédient qu'imparfaitement au mal : la dépréciation croissante du papier-monnaie, l'irrégularité des payements et la modicité des salaires, à la réapparition des espèces métalliques, plongent le personnel des manufactures dans une profonde détresse[1]; pendant plusieurs années ce ne sont que plaintes et réclamations[2], une partie des artistes-ouvriers change momentanément de profession; quelques-uns se rendent à l'armée[3] et y trouvent une mort glorieuse; le gouvernement vend à vil prix,

1. « Le gouvernement veut-il ou ne veut-il pas soutenir cette manufacture?... elle est prête à se dissoudre; les artistes sont ruinés par la dépréciation du signe monétaire; ils voient avec désespoir qu'un bienfait du Directoire exécutif arrêté le 3 de ce mois, lorsque le mandat valait environ cinq francs, ne peut avoir son exécution que le 24, et lorsque le mandat ne vaudra peut-être pas trente sols; en sorte que l'artiste de première classe qui se flattait de recevoir soixante livres en numéraire, ne recevra peut-être pas dix-huit livres; et que l'artiste de dernière classe n'aura pas treize livres pour trente-huit livres quinze sols, et encore faudra-t il qu'ils perdent, au grand détriment des intérêts de la république, une journée pour aller vendre leurs mandats, et rester, comme à la dernière paye, jusques à dix heures du soir, au milieu des agioteurs, dans l'espoir de tirer un sol de plus pour cent de mandats.... Le seul remède à tant de maux est d'autoriser la vente des tapisseries réservées, ou au moins celles de l'état ci-joint; cette mesure empêchera la dispersion des meilleurs artistes prêts à se livrer à tout autre travail pour pouvoir subsister.... » (*Observations du citoyen Guillaumot, directeur de la manufacture des Gobelins, du 5 août* 1796.)

2. Une pétition des ouvriers de la manufacture des Gobelins, du 15 août 1797, au ministre de l'intérieur, expose qu'il leur est dû plus de *quatre mois*, qu'ils ont tout vendu, jusqu'à leurs draps de lit, pour subsister, qu'ils n'ont plus aucun crédit, même chez les boulangers, et ne peuvent s'acquitter avec aucun de leurs fournisseurs; que les distributions qu'on se propose de leur faire du *sixième* d'un mois ne peut leur être d'aucune utilité, la somme étant trop modique pour payer un seul de leurs engagements; ils se bornent à demander au Directoire exécutif de leur payer au moins la moitié de ce qui leur est dû.

Une pétition des mêmes (3 septembre 1797) s'exprime ainsi :

« Citoyen ministre, nous venons de nouveau vous exposer notre misère; la trésorerie nationale n'effectue aucun des payements que vous ordonnancez à notre profit; sur cent trente-cinq jours de salaire qui nous sont dus, nous n'avons reçu qu'un à-compte de *cinq jours;* sans pain, sans vêtements, sans crédit, il nous est impossible d'exister; nous sommes au désespoir; nous vous prions de nous donner les moyens d'exister ailleurs, si vous ne pouvez nous faire exister ici. »

« Salut et respect. » (Suivent quarante-six signatures.)

Le chef de division de la comptabilité à qui la pétition est renvoyée répond « que le ministre n'a aucun moyen dont il puisse faire usage auprès de la trésorerie nationale pour accélérer le payement de ce qui est dû aux ouvriers.... »

3. Quinze ouvriers de la manufacture des Gobelins s'étaient enrôlés dès le commencement de la guerre; le personnel beaucoup moins nombreux de la manufacture de la Savonnerie (il ne comptait que vingt ouvriers au commencement de la révolution) fournit aussi son contingent à la défense du territoire.

pour acheter du blé ou pour payer les fournisseurs, des prestations en nature, une quantité considérable de tapis de la Savonnerie et de tapisseries des Gobelins. Le papier-monnaie, complétement avili, disparaît vers 1797; le traitement des ouvriers des deux manufactures est fixé à deux francs quinze centimes, deux francs dix centimes, deux francs cinq centimes et deux francs pour les première, deuxième, troisième et quatrième classes; première et malheureuse application de *l'égalité des salaires*. Sur les justes réclamations des ouvriers, il leur est accordé (le 10 juin 1798) une augmentation équivalente à la moitié de la différence entre leur traitement et celui dont ils jouissaient en 1791, ce qui produit, selon les classes, dix francs trente-trois centimes à dix-sept francs vingt-cinq centimes par personne et par mois.

Le 3 décembre 1800, les élèves ou apprentis supprimés par Roland sont rétablis : huit fils de maîtres, dont six en haute lisse et deux en basse lisse prennent place dans les ateliers.

Le ministre Chaptal rétablit aussi l'emploi de directeur des teintures, qui est donné à M. Roard, ancien professeur de chimie dans l'une des écoles centrales.

De 1804 à 1848, les manufactures nationales font partie de la dotation de la couronne et ne fabriquent plus que pour le compte du chef de l'État. La période impériale est l'une des plus remarquables de leur histoire, soit par l'activité très-grande imprimée aux travaux, soit par les progrès accomplis sous le rapport artistique. Le personnel de la Savonnerie est doublé[1], cette manufacture exécute :

En 1805, un tapis pour la salle du trône aux Tuileries, d'après le modèle de M. Barabant, peintre d'ornements et d'animaux.

En 1806, un tapis pour le salon bleu de l'impératrice, sur le modèle de M. Lagrenée, peintre d'ornements.

En 1807, un tapis pour la salle du trône à Saint-Cloud, sur les dessins de MM. Percier et Fontaine, architectes.

1. Pendant le Directoire et le Consulat tous les modèles artistiques choisis par le jury des arts ont été reproduits en tapis d'une manière très-remarquable, ainsi que deux tableaux de Mme Valleyer-Coster, dont l'un représente un chien de chasse sur un fond de paysage et l'autre un vase d'or contenant des pêches et des raisins

En 1810, sur les dessins de M. de Saint-Ange[1], un tapis pour le cabinet de travail de l'empereur aux Tuileries représentant les seize corps de la Légion d'honneur, savoir la guerre, la marine, l'agriculture, les beaux-arts, les arts industriels, l'astronomie, la chimie, etc., etc., figurés par leurs attributs, dans autant de cartouches circulaires inscrits dans une grande couronne de lauriers et circonscrivant une grande croix de la Légion d'honneur placée au centre.

Et une quantité considérable de banquettes pour les résidences impériales peintes par Dubois sur les dessins du même.

La manufacture des Gobelins reproduit, sur les tableaux originaux des premiers maîtres de l'école moderne, quelques-unes des actions mémorables qui ont illustré cette époque, et divers autres sujets :

Napoléon donnant ses ordres, le matin de la bataille d'Austerlitz, d'après Carle Vernet ;

Napoléon donnant la croix à un soldat russe, d'après Debret ;

Préliminaires du traité de paix de Léoben, d'après Lethiere-Guillon ;

Le 76e de ligne retrouvant ses drapeaux dans l'arsenal d'Inspruck, d'après Meynier ;

Napoléon passant la revue des députés de l'armée, d'après Serangeli ;

Clémence de Napoléon envers la princesse Hatzfeld, d'après Charles de Boisfremont ;

Napoléon recevant les clefs de Vienne, d'après Girodet ;

Napoléon recevant à Tilsitt la reine de Prusse, d'après Berthon ;

Napoléon visitant les pestiférés de Jaffa, d'après Gros ;

Entrevue des empereurs Napoléon et Alexandre sur le Niémen, d'après Gautherot ;

1. M. de Saint-Ange, architecte inspecteur des constructions de la Bourse, attaché aux manufactures de la couronne, de 1810 à 1843, a dessiné plus de vingt modèles de tapis, peints pour la plupart par M. Dubois, peintre décorateur, et quelques-uns des derniers par M. Devrolle.

Napoléon pardonnant aux révoltés du Caire, d'après Guérin ;

Prise de Madrid, d'après Gros ;

Les ambassadeurs persans, en deux tableaux, d'après Mulard ;

Deux portraits en pied de Marie-Louise ;

Un portrait du roi de Rome ;

La mort du général Desaix, d'après Regnault ;

Une suite de portières et d'entre-fenêtres aux armes de France et d'Italie.

Quelques-unes de ces tapisseries inachevées à l'époque de la restauration sont démontées et mises de côté ; c'est là l'origine de la plupart des remarquables fragments exposés à la manufacture des Gobelins [1].

En 1810, mort de M. Guillaumot, directeur ; M. Chanal, secrétaire général du ministère, remplit, par intérim, ces fonctions pendant un an ; il est remplacé par M. Lemonnier, peintre d'histoire.

Sur la fin de cette année, l'empereur Napoléon visite les manufactures des Gobelins et de la Savonnerie ; il recommande de mettre aux travaux toute l'activité possible et ordonne au directeur de la Savonnerie de prendre une vingtaine d'élèves, ce qui est immédiatement exécuté.

En 1815, MM. Lemonnier, directeur des Gobelins, Roard, directeur de la teinturerie, Belle (Augustin), inspecteur des travaux et professeur de dessin (depuis 1802), sont mis à la retraite.

M. des Rotours (le baron) est nommé directeur de cette manufacture ;

M. de La Boulaye, directeur de la teinturerie ;

Et M. Cassas, habile dessinateur, inspecteur des travaux d'art.

M. Mulard, peintre d'histoire, lui est adjoint quelques an-

1. Dans les premières années du règne de Louis-Philippe, il fut question de remettre ces fragments sur le métier et de terminer les tapisseries impériales ; mais, par suite de l'emploi des modèles dans le musée de Versailles, ce projet n'eut malheureusement aucune suite.

nées plus tard (1818), et exerce seul, à partir de 1827, époque de la mort de M. Cassas, les fonctions d'inspecteur et de professeur à l'école de dessin.

Sous l'habile administration de M. des Rotours, d'importantes améliorations sont réalisées :

Un cours de chimie appliquée à la teinture est institué ;

L'étude du modèle vivant complète la régénération de l'école de dessin ;

Les métiers de basse lisse que des préjugés héréditaires maintenaient seuls dans les ateliers, sont supprimés[1], et la manufacture de tapis de la Savonnerie réunie à la manufacture des Gobelins[2].

On achève un grand nombre de pièces de tapisserie parmi lesquelles il suffit de citer :

Pierre le Grand sur le lac Ladoga, terminée en 1819, d'après Steuben ; donnée en présent à l'empereur de Russie ;

Henri IV rencontrant Sully blessé à la bataille d'Ivry, terminée en 1820 ; donnée au roi de Naples et de Sicile ;

Sept sujets de la vie de saint Bruno, d'après Le Sueur ;

La mort de saint Louis ;

Henri IV présidant les états de Rouen ;

Henri IV présentant Crillon aux seigneurs de sa cour ;

Saint Louis médiateur entre le roi d'Angleterre et les barons ;

Saint Louis recevant les députés du Vieux de la Montagne ;

François Ier refusant l'hommage des Gantois ;

1. Les perfectionnements introduits dans les métiers de basse lisse, vers 1750, par Neilson et Vaucanson, n'en ont pas moins laissé subsister l'un des plus graves inconvénients adhérents à la nature même dudit métier, celui de ne pas permettre à l'ouvrier de voir le résultat de son travail aussi souvent qu'il le veut ; l'opération de relever le métier, de déplacer le calque placé sous la chaîne, de le replacer ensuite en rapport exact avec le dessin de la tapisserie, n'est pas si prompte et si facile qu'on puisse perpétuellement la répéter. Cette opération ne se fait qu'à chaque pliée de la tapisserie, c'est-à-dire à peu près quand tout un bandeau de la largeur du métier a été exécuté. Depuis 1826, la fabrication des tapisseries en basse lisse a été exclusivement attribuée à la manufacture de Beauvais.

2. La pensée première de cette réunion exécutée, en 1826, sur la proposition de M. Sosthènes de La Rochefoucauld, alors directeur des beaux-arts, avait été émise dès 1771, et adoptée, en principe, par la plupart des administrations qui se sont succédé depuis cette époque.

François Ier confiant la garde de sa personne aux Rochelais;

Ces sept pièces terminées de 1822 à 1827, d'après Rouget.

Martyre de saint Étienne, d'après Abel de Pujol, achevée en 1824, donnée à S. S. le pape en 1826;

Phèdre et Hippolyte, d'après Guérin, terminée en 1823;

Bataille de Tolosa, d'après Vernet (Horace), achevée en 1827;

François Ier et Charles-Quint visitant l'église de Saint-Denis, d'après Gros, terminée en 1828;

Sainte Famille, d'après Raphaël, terminée en 1821;

Pyrrhus prenant Andromaque sous sa protection; terminée en 1832;

Une bannière représentant la sainte Vierge et l'enfant Jésus, terminée en 1822, d'après de La Roche;

Une bannière représentant sainte Geneviève, achevée en 1823, d'après Guérin; donnée en 1826 à l'église Sainte-Geneviève;

Devant d'autel représentant la Vierge, l'enfant Jésus, plusieurs anges, achevé en 1826, d'après Laurent et donné à S. S. le pape.

Les portraits :

De Louis XVI, d'après Callet, achevé en 1817;

De Marie-Antoinette entourée de sa famille, achevé en 1818, d'après Mme Le Brun;

Du comte d'Artois, terminé en 1819, d'après Gérard, donné en présent au roi de Prusse;

De Louis XVIII, achevé en 1820, d'après Robert le Fèvre;

De Charles X, terminé en 1827, d'après Gérard;

De Mme la duchesse de Berri et de ses enfants, d'après le même (1827).

Nombre de portières, d'entre-fenêtres, de tentures diverses, d'ornements sacerdotaux, etc., etc.

La reproduction en tapisserie des cartons de Raphaël, d'après d'anciennes copies de Louis Boullogne, et de l'histoire de Marie de Médicis, d'après Rubens, a été commencée sous l'administration de M. des Rotours; le roi Louis-Philippe visitant, en 1830, la manufacture des Gobelins, témoigna de sa vive admiration pour ces travaux et conçut peut-être, dès cette époque, la pensée très-heureuse de faire emploi des tapisseries de Rubens dans les grands appartements du château de Saint-Cloud, dont elles sont aujourd'hui l'un des plus splendides ornements [1].

En 1833, M. des Rotours, admis à la retraite, fut remplacé par M. Lavocat, qui remplit les fonctions d'administrateur jusqu'à la révolution de février 1848.

Pendant cette période, quelques œuvres capitales ont été achevées, entre autres les tapisseries d'après Rubens et les cartons de Raphaël, le Massacre des mameluks [2], d'après Vernet (Horace); des portraits du roi Louis-Philippe et de quelques membres de sa famille. On a commencé, d'après MM. Alaux et Coudere, une suite de tapisseries destinées au salon de la Paix des Tuileries, représentant quelques-unes des résidences royales: les châteaux de Pau, de Fontainebleau, de Saint-Cloud, les galeries de Versailles [3], le Palais-Royal, encadrés par des bordures d'une grande richesse [4]. On a commencé aussi, à la manufacture de la Savonnerie, un tapis d'une très-remarquable composition par MM. Sechan et Diéterle, et enfin quelques meubles de petite dimension, chaises, fauteuils, écrans, fabrication d'un grand intérêt qui, depuis quarante ans environ, était à peu près abandonnée [5].

1. L'étude persévérante accomplie pour la reproduction des œuvres du chef des coloristes a singulièrement contribué à élever le goût des artistes-ouvriers de la manufacture, à enrichir leur palette et à donner à la tapisserie moderne cette puissance d'effet qu'elle possède à un si haut degré et qu'on chercherait en vain dans tout autre mode de traduction de la peinture.

2. Cette magnifique tapisserie a figuré à l'exposition de Londres où elle a excité une juste et universelle admiration. La fidélité de la reproduction, l'harmonie parfaite de toutes les parties de cette vaste toile en font un véritable chef-d'œuvre, et le peintre put dire aux artistes-ouvriers de la manufacture, en se voyant si heureusement traduit, « qu'ils avaient mieux fait que lui; » paroles aussi honorables pour leur auteur que pour les laborieux artistes à qui elles ont été adressées. La tapisserie des mameluks a été offerte en présent à la reine d'Angleterre par le gouvernement français.

3. En mars 1848, cette partie, la plus riche de toute la composition, a été très-malheureusement détruite et remplacée par un fond insignifiant.

4. Deux parties de cette tenture, les châteaux de Pau et de Saint-Cloud exposés à Londres, avec le tapis composé par MM. Alaux et Coudere, pour meubler la même pièce, y ont eu un grand succès.

5. Quelques fauteuils, spécimen de cette fabrication, ont honorablement figuré à

En 1848, M. Lavocat est remplacé par M. Badin, peintre; l'inspecteur Mulard est mis à la retraite; l'administration de la manufacture de Beauvais est réunie à celle des Gobelins; toutes deux rentrent, ainsi que la manufacture de Sèvres, dans le domaine national et sont placées dans les attributions du ministère du commerce et de l'agriculture; un conseil de perfectionnement, composé de peintres, d'architectes, de sculpteurs, de quelques représentants amis des arts et des administrateurs des manufactures nationales, est chargé, ainsi que l'indique son titre, d'étudier toutes les questions qui se rattachent au travail artistique et au progrès desdites manufactures nationales[1].

En 1849 (29 septembre), les administrations de Beauvais et des Gobelins sont de nouveau séparées : M. Badin est nommé directeur de la manufacture de Beauvais, et M. Lacordaire (Adrien-Léon), directeur de la manufacture des Gobelins.

De 1850 à 1852 (janvier), on termine, dans cette manufacture :

Trois tapisseries d'après Raphaël : la Conversion de saint Paul, N. S. Jésus-Christ donnant les clefs à saint Pierre, la Pêche miraculeuse;

Deux tableaux de chasse, nature morte, fruits et fleurs, d'après Desportes;

Les châteaux de Pau et de Saint-Cloud, d'après MM. Alaux et Coudere.

On exécute, d'après les cartons de M. Ingres, originaire-

l'exposition de Londres. Les fleurs, qui forment à peu près toute leur décoration, sont reproduites avec une vérité, un relief, une vigueur de coloris des plus remarquables.

1. Il est actuellement (décembre 1851) composé de MM. d'Albert de Luynes, président; F. de Lasteyrie, ancien représentant; Victor de Lavenay, secrétaire général au ministère du commerce; Paul Delaroche, peintre d'histoire; Ary Scheffer, peintre d'histoire; de Nieuwerkerque, directeur des musées nationaux; Labrouste, architecte; Duban, architecte; Viollet-Leduc, architecte; Séchan, peintre décorateur; Klagman, sculpteur; Ebelmen, directeur de la manufacture de porcelaine de Sèvres; Dieterle, peintre décorateur, inspecteur des travaux d'art de Sèvres; Badin, directeur de la manufacture de Beauvais; Lacordaire, directeur des manufactures des Gobelins et de la Savonnerie; Chevreul, directeur des teintures aux Gobelins; Muller, peintre d'histoire et inspecteur des travaux d'art aux Gobelins; Cherubini, chef de bureau au ministère du commerce, secrétaire du conseil.

ment composés pour la chapelle de Saint-Ferdinand, cinq figures de saints : saint Denis, saint Germain, saint Remi, sainte Geneviève, sainte Bathilde, terminés en 1849 et 1850;

Deux tapisseries représentant le Christ au tombeau : fragment du tableau de Sébastien del Piombo : le Calvaire et le Corps de N. S. Jésus-Christ descendu de la croix; terminées en 1850 et 1851;

La Vierge au poisson, d'après Raphaël, terminée en 1851;

Psyché et l'Amour, d'après Raphaël, l'un des pendentifs de la Farnésine.

Sont encore en cours d'exécution, au commencement de 1851 :

L'Assemblée des dieux, d'après Raphaël, partie de la décoration de la Farnésine;

Jupiter et l'Amour, pendentif de la Farnésine;

Adieux de Vénus à Junon et à Cérès;

Un nouvel exemplaire de la Pêche miraculeuse et de saint Paul et saint Barnabé à Lystra;

Plusieurs parties de la décoration de MM. Alaux et Couderc, pour les Tuileries.

A la Savonnerie : plusieurs grands tapis, chaises et fauteuils exécutés sur les modèles de MM. Godefroy et Chabal[1].

En 1850, la grande médaille de l'exposition de Londres est décernée aux manufactures des Gobelins et de Beauvais, avec le considérant suivant :

« Invention du cercle chromatique pour la teinture des tapisseries; beauté et originalité des dessins et perfection extraordinaire d'exécution de la plupart des produits exposés. »

Les cercles chromatiques de M. Chevreul[2] seront au nombre de dix; un seul, celui qui a figuré à l'exposition de Londres, est exécuté et comprend les couleurs simples et binaires.

Ces couleurs, fixées au moyen de la teinture sur des écheveaux de laine, sont au nombre de soixante et douze et à égale distance l'une de l'autre. Les neuf autres cercles com-

1. M. Chabal est attaché, depuis 1848, comme peintre de fleurs aux manufactures des Gobelins et de Beauvais. Sa résidence est aux Gobelins.

2. Directeur des teintures, à la manufacture des Gobelins, depuis 1824.

prendront chacun les soixante et douze couleurs du premier, ternies par du noir, à différents degrés, de sorte qu'à l'aide de ces cercles, il sera possible de déterminer toutes les couleurs que l'on nomme *rabattues* ou *rompues*, de même qu'avec le premier cercle on détermine les couleurs franches. A l'aide des neuf derniers on pourra démontrer que la couleur brique la plus ordinaire, par exemple, est le *premier rouge orangé* du premier cercle terni par trois dixièmes de noir; que la couleur dite *bois de chêne*, la plus ordinaire, est *l'orangé* du premier cercle terni par cinq dixièmes de noir, etc.

Et comme des soixante et douze couleurs de ce premier cercle dont les distances sont égales et désormais fixées, vingt-trois au moins se rapportent à vingt-trois couleurs du spectre solaire, il en résulte que le cercle chromatique pourra être reproduit partout, en imitant, par des moyens de coloration quelconques, les vingt-trois couleurs du spectre, et en intercalant entre elles, à distances égales, les quarante-neuf autres couleurs; il résulte enfin de ces beaux travaux exécutés à la teinturerie des Gobelins que la détermination de toutes les nuances possibles, d'une manière absolument invariable, au moyen d'un étalon primitif pris dans la nature, est un fait désormais acquis à la science et qu'une langue nouvelle universelle, parfaitement exacte, est créée dans tous les arts basés sur l'emploi, la recherche ou la production des couleurs.

Cette remarquable invention, celle du contraste des couleurs, également propre à M. Chevreul, et dont l'application pratique est immédiate dans l'art du peintre, du tapissier, du mosaïste, ont marché de front avec de nombreux perfectionnements introduits depuis quelques années dans la teinture des laines et des soies employées aux Gobelins, à la Savonnerie et à Beauvais : la simplicité de l'ancienne fabrication des tapisseries a fait place à de savantes combinaisons; l'artiste-tapissier est arrivé, par degrés, à exécuter, avec une matière aride employée, brin à brin, de véritables peintures, avec toutes leurs dégradations d'ombre et de lumière et leur infinie multiplicité de tons; il ne disposait autrefois que d'un très-petit nombre de couleurs suffisantes pour l'effet général qu'on se proposait de produire ; ainsi, pour les carnations, on n'employait que trois couleurs normales appelées : *la couleur d'homme*, *la couleur de femme*, *la couleur d'enfant*, dégradées chacune en vingt tons au plus ; aujourd'hui, quelle que soit la variété des carnations d'un tableau, sa reproduction est complète : les vingt-deux figures de l'Assemblée des dieux, d'après Raphaël, presque toutes d'un ton différent, sont rigoureusement traduites en tapisserie, et, pour cet immense travail, il n'a pas fallu moins de vingt huit gammes de vingt-quatre tons chacune ; les carnations seules ont employé vingt-deux gammes ou cinq cent vingt-huit tons simultanément préparés à la teinturerie. Pour arriver à un tel résultat, il a fallu que des progrès constants et parallèles à ceux du tapissier fussent faits par le teinturier, non-seulement sous le rapport de la multiplicité et de la dégradation régulière des tons, mais encore sous celui de leur solidité ; car, sans cette dernière condition, l'habileté du tapissier, si grande qu'on la suppose, ne produira rien de stable : ces progrès existent, et c'est surtout aux efforts persévérants effectués depuis la suppression de la tâche, qu'ils sont dus.

Chaque année, du 15 octobre au 15 janvier, il est fait, aux Gobelins, par le directeur de la teinturerie, un cours public de chimie appliquée à la teinture, et tous les deux ans, à l'issue de ce premier cours, un cours du contraste des couleurs.

Sous l'empire, deux élèves étaient entretenus à l'atelier de teinture des Gobelins aux frais de l'État[1] ; cette institution n'existe plus, mais plusieurs élèves sont encore admis, par autorisation ministérielle, à suivre les opérations de la teinturerie. Elles occupent cinq personnes, le chef d'atelier[2]

1. Voici l'origine de cette création : Une fabrique de Lyon avait fourni pour l'un des palais impériaux un meuble bleu dont la couleur passa très-vite. Napoléon ordonna qu'on fît subir au fabricant une forte retenue et qu'on appliquât les intérêts du capital à l'entretien perpetuel de deux élèves à la teinturerie des Gobelins ; ils y passaient deux années et étaient ensuite envoyés dans les différentes parties de l'empire pour y propager les meilleurs procédés de teinture

2. Le titulaire actuel, M. Lebois, originaire de Lyon, remplit ces fonctions depuis deux ans et a exécuté avec beaucoup de zèle et de succès la teinture des cercles chromatiques inventés par M. Chevreul

chargé de la direction et de la surveillance des travaux, deux compagnons teinturiers, un aide-compagnon et un manœuvre.

Les laines et les soies teintes[1] appartenant aux deux fabrications des Gobelins sont emmagasinées à proximité de chacune d'elles : 1° dans un magasin général où elles sont disposées par écheveaux ; 2° dans un magasin de détail où elles sont sur broches prêtes à être employées ; de plus, à chaque métier est affectée une armoire particulière où sont déposées les laines assorties par l'artiste pour son travail et celles qui lui ont déjà servi, mais qui pourront encore lui être utiles dans l'exécution de la tapisserie sur le métier.

Les artistes-ouvriers, indépendamment du tissage des tapisseries, exécutent eux-mêmes tout ce qui concourt à la fabrication : ils ourdissent la chaîne, l'appliquent sur le métier, calquent et décalquent leur tableau[2], assortissent les laines coloriées dont ils ont besoin. La surveillance des ateliers et l'inspection du travail appartiennent aux chefs d'atelier[3] auxquels suppléent, en leur absence, les sous-chefs[4] choisis parmi les anciens et habiles ouvriers, un

1. Une opinion très-accréditée attribue aux eaux de la Bièvre une qualité spéciale pour la teinture ; c'est une erreur que la seule inspection du cours de ces eaux bourbeuses suffit pour dissiper. L'eau de Seine et celle d'un puits situé dans la partie haute de la cour de la manufacture sont exclusivement employées dans les ateliers de teinture.

Une autre erreur qui se réfute d'elle-même est relative au procédé employé pour la teinture écarlate : jamais, dans l'établissement, on n'a nourri d'hommes d'une façon particulière afin d'obtenir des eaux propres à cette teinture. L'administration des Gobelins a quelquefois reçu à ce sujet de singulières communications. La lettre suivante existe encore dans les archives de l'ancienne intendance : « Je suis las de la vie et je suis disposé, pour en finir avec elle, à me soumettre au régime imposé aux teinturiers des Gobelins. Pour vous donner une idée des services que je suis en état de rendre à l'établissement, je dois vous dire que je puis boire par jour vingt bouteilles de vin, sans perdre la raison. Si vous voulez me prendre à l'essai, vous jugerez tout à votre aise ma capacité. »

2. Vers le milieu du dernier siècle, un peintre attaché à l'établissement fut spécialement chargé de calquer les tableaux ; mais on a reconnu qu'il y a avantage à faire exécuter cette opération par les artistes-ouvriers eux-mêmes, et ces fonctions, exercées en dernier lieu, par M. Drabot, ont été supprimées au commencement du siècle.

3. M. Limosin dit Laforest dirige l'atelier des tapisseries depuis 1828. M. François dirige l'atelier de tapis depuis 1826.

4. Les titulaires actuels sont :

Dans l'atelier de tapisserie : MM. Durny, Buffet, Gilbert. Dans l'atelier de tapis : MM. Plistat aîné, Legrand.

peintre d'histoire portant le titre d'inspecteur des travaux d'art[1], visite les ateliers au moins deux fois par semaine.

Les ateliers de tapisserie occupent le premier étage des bâtiments et ceux de tapis sont à rez-de-chaussée.

Les métiers, dits de haute lisse, employés dans les deux fabrications, ne diffèrent que par leurs dimensions et par quelques détails peu importants. Les plus grands sont ceux sur lesquels on fabrique les tapis; leurs dimensions sont, en général, calculées sur celles des appartements royaux qu'il s'agissait de meubler; quelques-uns n'ont pas moins de dix à onze mètres de longueur. Ceux de tapisserie ont de quatre à sept mètres de longueur (voy. la figure, p. 58); ils se composent d'une paire de forts cylindres de bois de chêne ou de sapin, dits *ensouples*, disposés horizontalement dans le même plan vertical et à quelque distance (de 2m,50 à 3m d'axe en axe) l'un de l'autre, supportés par de doubles montants en bois de chêne appelés *cotrets* qui sont disposés de manière à leur permettre de s'écarter plus ou moins et à faire tendre les fils de la chaîne; ceux-ci sont enroulés et fixés sur les ensouples par une tringle dite *le verdillon,* engagée dans une rainure longitudinale creusée dans toute la longueur des ensouples. Les ensouples sont armées, à chacune de leurs extrémités, d'une frette dentée, à déclic en fer, servant à les fixer solidement au point voulu, et terminées par un tourillon engagé dans de forts coussinets en bois dans lesquels s'accomplit leur mouvement de rotation quand on veut tendre la chaîne. Ces coussinets sont mobiles (c'est en général le coussinet supérieur) dans l'intérieur des cotrets, au moyen de rainures dans lesquelles ils glissent. Le dernier degré de tension est donné à la chaîne par une vis de pression en fer qui, logée dans le vide des cotrets et placée entre les deux coussinets, fait monter ou descendre à volonté celui qui est mobile, en s'appuyant sur le coussinet fixe.

1. Le titulaire actuel est M. Muller (Charles-Louis), auteur du tableau *l'Appel des dernières victimes de la terreur*, exposé au salon de 1850 et acheté par la direction des beaux-arts. M. Muller a succédé à M. Sébastien Cornu, peintre d'histoire.

Quand on veut tendre la chaîne, enrouler ou dérouler des parties de tapisserie, on fait tourner les ensouples au moyen de leviers en fer ou même en bois, qui s'engagent dans des

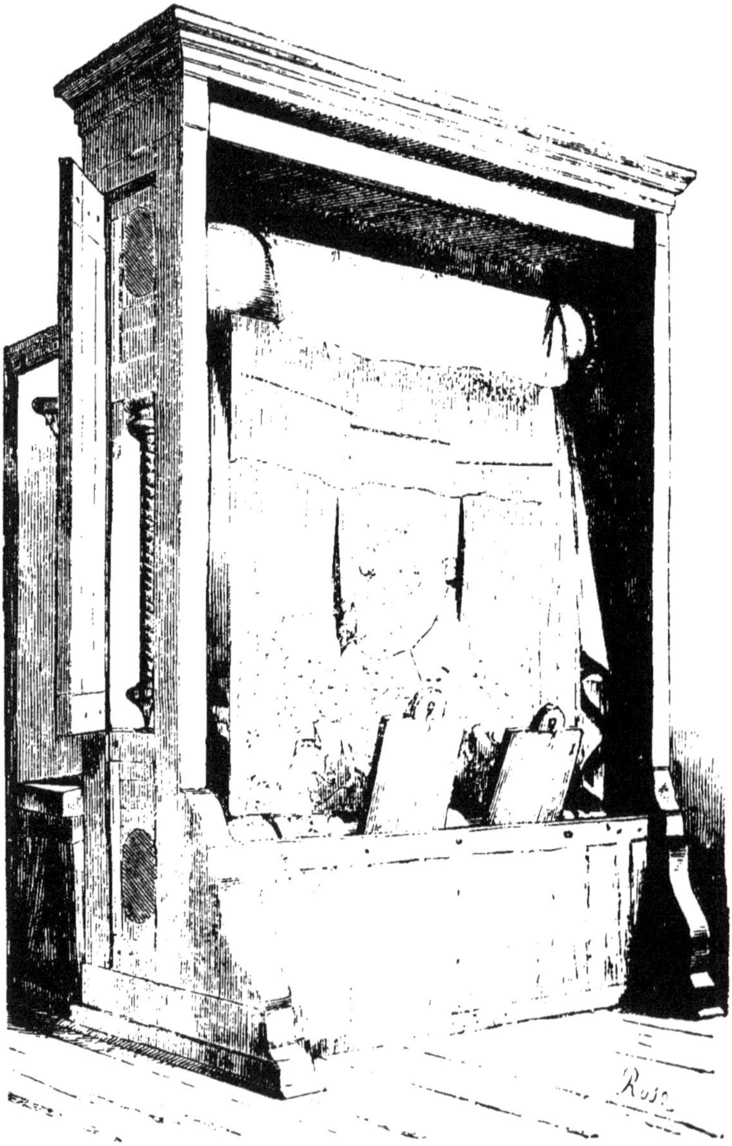

Métier de haute lisse pour tapisserie

trous pratiqués à cet effet, à chacune de leurs extrémités. La portion de tissu fabriquée s'enroule sur l'ensouple inférieure, en amenant et développant de l'ensouple supérieure une nouvelle portion de chaîne et ainsi, partie par partie, jusqu'à ce que la pièce en cours de fabrication soit terminée.

Il serait beaucoup trop long d'expliquer comment on ourdit la chaîne, comment elle se place sur le métier dans une situation parfaitement verticale, tous les fils ou brins exactement à la même distance l'un de l'autre et de plus avec une division de dix en dix, par un fil autrement coloré que les autres, quand il s'agit du métier à tapis; ces longs et minutieux détails ne peuvent trouver place que dans un traité complet qui n'est point l'objet de cette courte notice.

Il suffira de savoir que, dans l'une comme dans l'autre fabrication, la chaîne qui est en laine, en coton, ou même en soie à quatre, cinq et six brins, retorse, parfaitement unie, point jareuse, se divise, lorsqu'elle est tendue, en deux nappes[1] dont l'écartement est maintenu, d'abord par une ficelle dite de *croisure* *a a'*, puis par un bâton ou même par un tube de verre d'un diamètre de deux à deux centimètres et demi, dit bâton *d'entre-deux b*; qu'à chaque fil de la nappe postérieure (relativement à l'ouvrier) est passée, à la hauteur de la main de l'ouvrier, une cordelette *c d*, en forme d'anneau, appelée lisse.

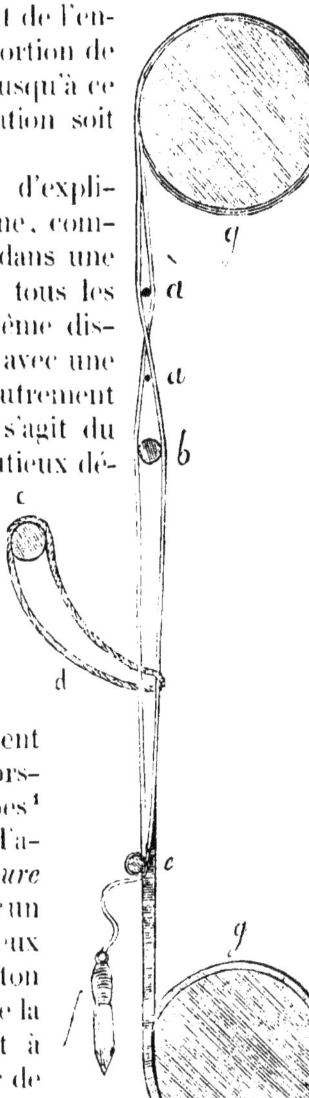

Coupe verticale comprenant les ensouples et la chaîne

[1] Avec cette différence que, dans le métier à tapis, la chaîne est double

fixée à l'opposé sur une forte perche dite *la perche des lisses* *c*[1], et que ces lisses servent à ramener partiellement avec la main, à chaque passée de la trame, la nappe de derrière à la partie antérieure, en croisant les fils, ce qui, pour la tapisserie, produit un tissu fort analogue à celui de la toile ordinaire ; la seule différence essentielle consistant en ce que, dans la tapisserie, la chaîne est entièrement couverte par l'exacte superposition des fils de la trame, tandis que dans la toile ordinaire, la chaîne n'est couverte que de deux en deux

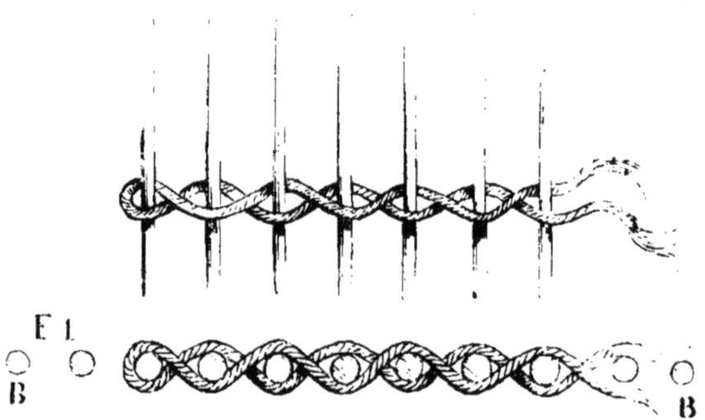

fils. Les deux figures ci-contre expliquent très-bien le tissu de la tapisserie : dans la figure 1, qui représente une coupe partielle du tissu, la chaîne est indiquée par les lettres B B, et par une série de petits cercles, la trame par la cordelette qui enveloppe ces cercles.

La figure supérieure montre les mêmes fils et la trame en perspective.

Dans le métier à tapisserie (p. 58), l'ouvrier est placé sur un siége, entre le métier et le tableau qui lui sert de modèle, la face tournée du côté du jour et le métier interposé entre lui et les fenêtres de l'appartement. Il ne voit son travail qu'à l'envers ; il doit quitter sa place et passer au-devant du métier pour juger de l'effet général ou partiel, et corriger.

1. Dans le métier à tapisserie, la perche des lisses se subdivise en plusieurs parties indépendantes, mesurant par leur longueur ce qu'un ouvrier occupe de place sur le travail de la tapisserie en cours d'exécution, et tous ces supports isolés sont eux-mêmes supportés comme l'indique la figure ci-contre (p. 61), par une forte perche de toute la longueur du métier, placée un peu au-dessus des lisses.

s'il y a lieu, soit en serrant plus ou moins telle ou telle partie du tissu avec l'aiguille à presser, soit même en coupant le travail fait, si le défaut constaté dans les contours ou dans le coloris ne peut être autrement réparé.

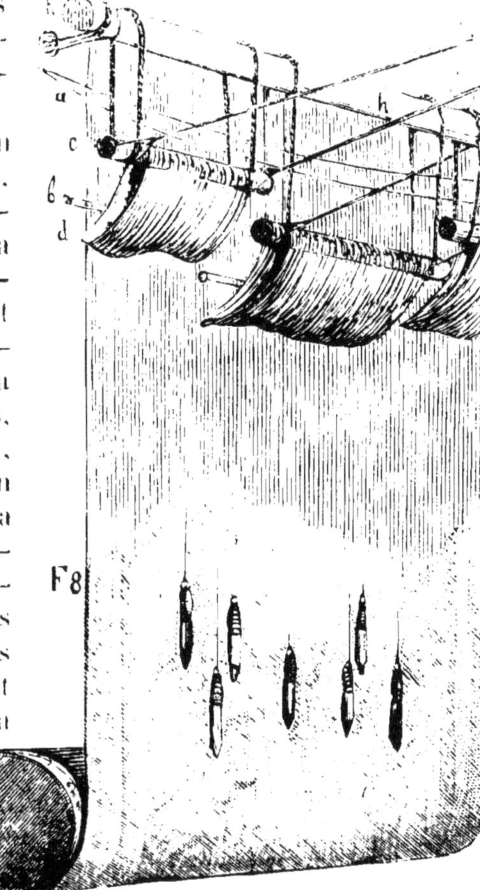

Métier à tapisserie vu du côté où travaille l'artiste tapissier.

Pour reproduire son modèle en tapisserie, il doit d'abord en tracer le dessin sur la chaîne le plus nettement possible. C'est une partie très-essentielle du travail qui a ses difficultés propres, et de laquelle dépend, jusqu'à un certain point, la fidélité de la traduction ; cette opération se fait par parties, en calquant des détails plus ou moins étendus du tableau et les décalquant sur la chaîne. Avec un crayon blanc, l'artiste marque, sur le tableau, les principaux contours, et indique seulement par des points les détails qu'il croit nécessaires. Cette première opération terminée, une feuille de papier transparent est placée sur le tableau, et sur cette feuille l'artiste reproduit, avec un crayon noir, les traits et les points qui transparaissent en blanc. Ce calque est alors appliqué sur le devant de la chaîne ; il est assujetti au moyen de baguettes plates, en le faisant exactement coïncider avec ce qui y existe déjà des contours et des linéaments du tableau. Cela fait, l'artiste placé derrière, à la hauteur du calque, marque sur la chaîne, fil par fil, avec une pierre noire, des points concordants avec le dessin tracé sur le calque. Les contours ne sont ainsi formés que par une réunion de points noirs appartenant à autant de fils séparés. On comprend dès lors combien il faut d'attention, tous ces fils étant mobiles et flexibles, pour ne pas déranger le dessin tracé sur la chaîne.

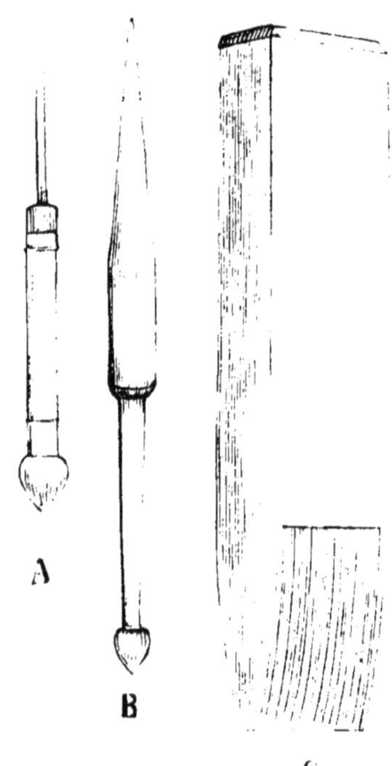

Pour former le tissu, il prend une broche B chargée de laine ou de soie teinte de la couleur convenable ; il arrête l'extrémité de son fil sur le fil de chaîne où doit commencer la nuance; puis tirant, avec la main gauche, les lisses qui embrassent le nombre des fils de devant que doit recouvrir cette même nuance, il passe la broche, derrière, avec la main droite; lâchant alors les lisses, il passe la main gauche entre les fils qui se trouvent derrière, et ramène sa broche en sens contraire. Cette allée et venue de la broche, de droite à gauche et de gauche à droite, forment ce qu'on appelle deux passées ou une *duite*.

L'ouvrier répète ces passages de fils successivement, les uns au-dessus des autres, suivant l'étendue et les contours de l'espace que doit occuper la nuance dont la broche est chargée. Il prend une nouvelle broche pour une nouvelle nuance; il coupe, arrête et fait perdre à l'envers, c'est-à-dire du côté où il travaille, le fil de la broche précédente, s'il ne doit pas recommencer à s'en servir près du même endroit. A mesure qu'il place un fil avec la broche, il approche et serre ce fil avec le bout aigu de la broche; puis, lorsque plusieurs fils sont passés, il prend un lourd peigne d'ivoire C, et en frappe le tissu de manière à le tasser parfaitement, à ne laisser aucun vide entre les fils et à couvrir parfaitement la chaîne.

Ce sont les nuances qui déterminent le nombre des fils de chaîne à comprendre sous une passée ou duite; dans une partie unie et horizontale, on allonge la passée autant qu'il est possible, pour accélérer l'ouvrage; mais c'est toujours le tableau, le plus ou le moins d'étendue des lumières, des demi-teintes, etc., qui indiquent l'étendue des duites, ainsi que leur nombre les unes au-dessus des autres. On passe des clairs aux bruns, des tons forts aux faibles, par des couleurs participant graduellement les unes des autres qu'on dispose en hachures. Il faut deux duites pour former une hachure; l'une de ces duites a plus ou moins d'étendue que l'autre, rarement elles en ont autant. La hachure présente plus de largeur dans une partie que dans l'autre: généralement elle est renforcée dans le milieu de son étendue. Les hachures de couleurs diverses se mêlant, quoique toujours distinctes, se superposant dans des longueurs et des largeurs diverses, constituent l'une des grandes difficultés du travail de la tapisserie; il est même impossible à l'œil peu exercé de découvrir où commence, où se termine une couleur ou une nuance. Décrire ce travail plus complétement serait chose superflue; il faut le voir sur place, se le faire expliquer, et mieux encore mettre la main à l'œuvre pour en avoir la parfaite intelligence.

Si le mécanisme de cette fabrication est compliqué, la partie artistique l'est encore plus: le tapissier ne dispose pas d'une couleur fluide, mais d'une matière sèche qui ne comporte ni empâtement, ni glacis, ni aucune des ressources multipliées de l'art dont il traduit les chefs-d'œuvre; il ne peut, comme le peintre, préparer ses masses, se rendre immédiatement compte de l'effet général, revenir sur son travail, et sans cesse modifier; il procède par imperceptibles parties, n'obtient la transparence et l'harmonie des teintes que par la combinaison très-complexe des hachures, ne saisit l'effet d'ensemble que d'une manière intellectuelle, et doit, du premier coup, être juste de ton, en travaillant à l'envers; difficultés immenses!... Aussi faut-il quinze à vingt ans pour former un bon tapissier, et a-t-il fallu plusieurs générations de ces modestes et laborieux artistes se succédant de père en fils pour pousser l'art du tapissier au point où il est aujourd'hui.

Ils sont dans les ateliers au nombre de quarante-six, en y comprenant six élèves; ils reçoivent un traitement annuel dont le taux le plus élevé ne dépasse pas dix-huit cent cinquante francs, et sont astreints à fournir un minimum de travail calculé sur ses difficultés plus ou moins grandes; en moyenne, on peut évaluer la surface de tapisserie produite, en un jour, à trente-quatre centimètres carrés[1] par personne. L'émulation est entretenue par des récompenses accordées à la perfection beaucoup plus qu'à la quantité.

Le tissu des tapis fabriqués à la Savonnerie diffère essentiellement de celui de la tapisserie; il présente une surface veloutée résultant d'une suite de points ou autrement de fils de laine dont on ne voit que les extrémités et arrêtés, chacun par un double nœud, sur deux fils de la chaîne. Chaque dixième portée des fils de la chaîne est d'une couleur différente des neuf autres; ces dixièmes fils répondent à des lignes de points tracés sur le modèle, et forment des carrés correspondants; c'est là tout ce qui tient lieu de dessin; les artistes-ouvriers n'en ont pas d'autre, sur la chaîne, pour les guider dans leur travail. Ces carrés ont vingt-cinq millimètres de côté; ils comprennent en largeur dix points, en hauteur sept points, en tout soixante et dix; les artistes travaillent à l'endroit, tournant le dos au côté par lequel la lumière arrive; ils sont en face tant du métier que du modèle placé un peu au-dessus de leur tête, et fixé par bandes horizontales à la perche des lisses. Voy. p. 65.

1 Ou trente carrés d'un centimètre de côté.

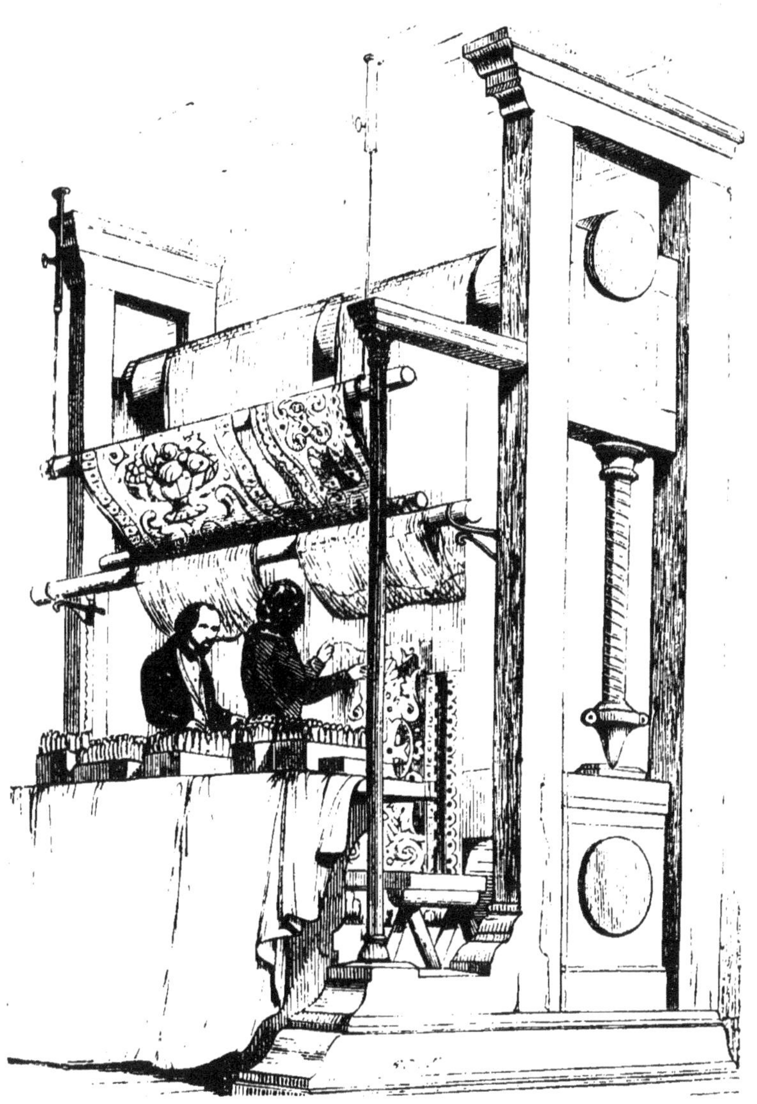

Métier de haute lisse pour tapis.

Les instruments dont ils se servent sont :

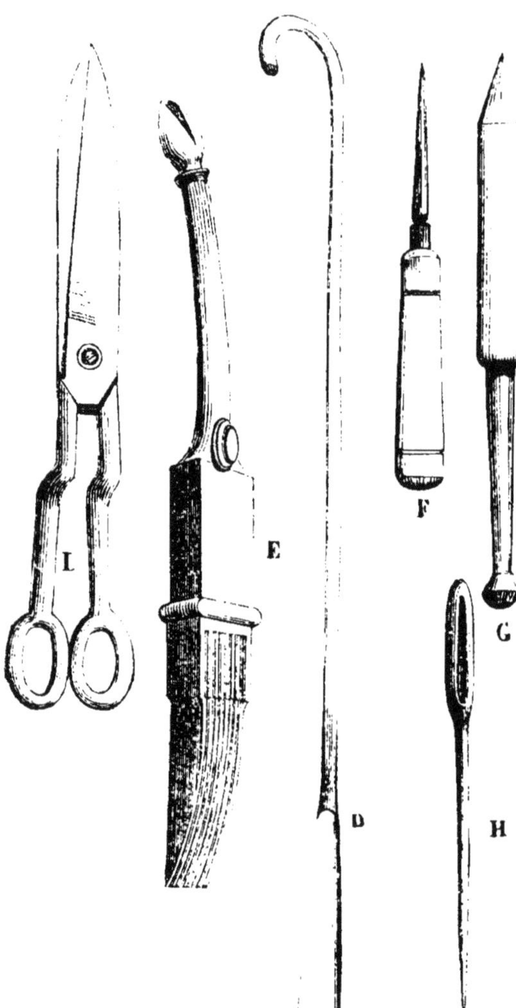

La broche G sur laquelle s'enroule la laine colorée ;

Le tranche-fil D formé d'une tige de fer ronde et armée à l'une de ses extrémités d'une lame tranchante ;

Le peigne E : il est en fer et sert pour tasser le tissu ;

Les ciseaux L pour ébarber et tondre le velours ;

L'aiguille à presser F ;

L'aiguille H servant à refaire les points isolés qui, pour une raison quelconque, doivent être recommencés dans une partie achevée du tapis.

Pour opérer le tissu ou autrement pour faire le point, l'ouvrier, ayant choisi la broche G chargée de la laine dont la nuance répond à celle du modèle, saisit, avec les doigts de la main gauche, le fil de chaîne sur lequel il doit commencer; il l'attire un peu vers lui et fait passer, derrière, la broche et le fil de laine qu'il tient de la main droite ; il amène ensuite de son côté, à l'aide de la lisse, le fil de chaîne suivant placé un peu derrière le premier et enveloppe ce fil d'un nœud coulant qu'il serre bien ferme. Entre ces deux passées (c'est le mot consacré) la laine forme, au-devant de la chaîne, un anneau dont l'amplitude répond à la hauteur du velours; un tranche-fil E, passé dans cet anneau, occupe sur le tissu une position horizontale, et se charge successivement d'une suite d'anneaux de laine produits par la répétition du point, de fil en fil, et en procédant de gauche à droite. L'enlacement du fil de laine est clairement représenté dans la figure ci-contre et dans les figures 3 et 4 ci-dessous (p. 68); ces deux dernières, ainsi que la figure 2, donnent, à une échelle exagérée, la coupe horizontale de la chaîne qui est représentée, dans chacune d'elles, par une double rangée de cercles **B B B**. Tous ces fils sont

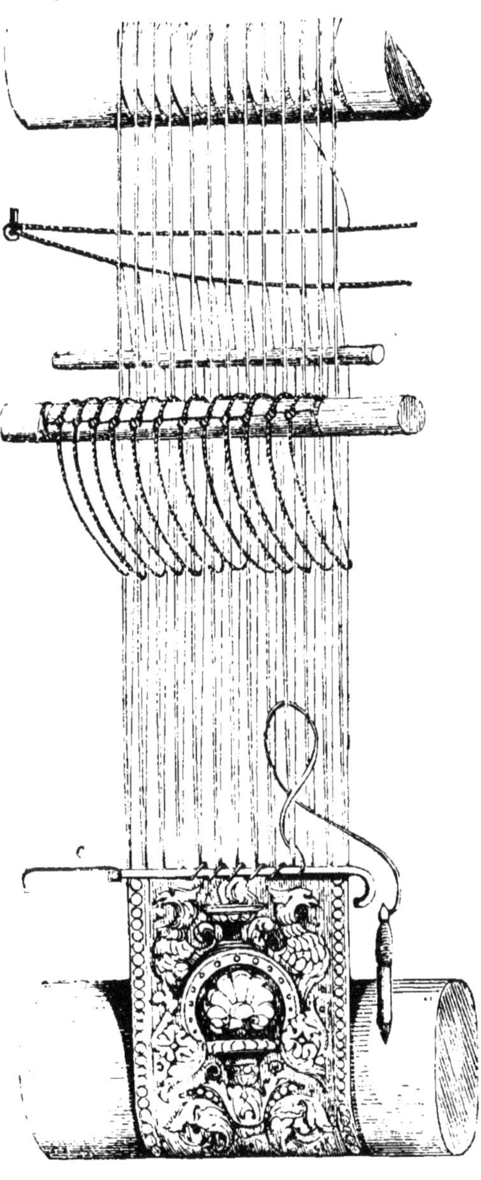

enveloppés par la laine D D D D, qui passe de plus autour du tranche-fil désigné par la lettre A. En tirant cet instrument

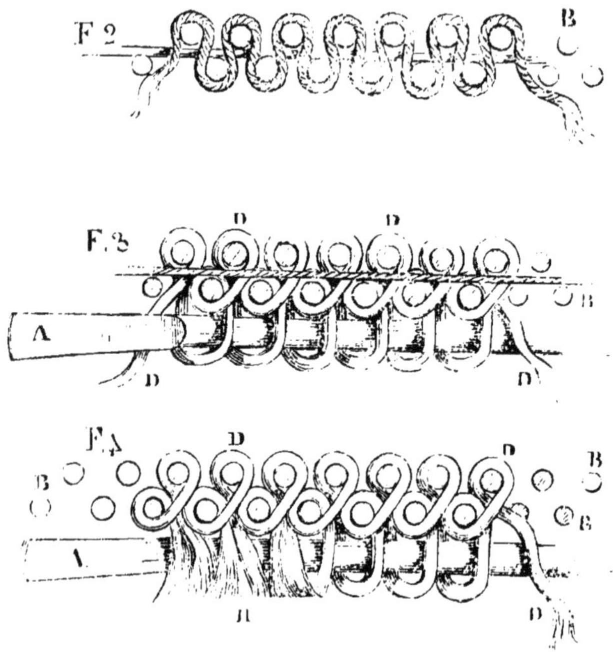

de gauche à droite, tous les anneaux de laine se trouvent coupés et le velours est formé.

Lorsqu'une rangée de points est ainsi faite, sur une certaine longueur, ou même d'un bout à l'autre du tapis, l'ouvrier les joint ensemble par un fil de chanvre très-fort appelé *duite*, jeté entre les deux nappes de la chaîne et superposé aux points, ainsi que l'indique la figure **3** ci-dessus. Cette duite ne suffit pas, on le comprend, pour former un tissu solide, il faut encore lier entre eux les fils de la chaîne par un autre fil de chanvre formant *trame*, indiqué par la figure **2**; pour le placer dans le tissu, l'ouvrier ramène par devant, au moyen des lisses, les fils de derrière; il passe la trame entre les deux rangées de fils, puis laisse ceux de derrière retourner à leur position, en ayant soin de tenir cette trame assez lâche pour qu'elle suive toutes les inflexions des fils de la chaîne. De cette manière, les points sont comme enchâssés. Cela fait, l'ouvrier tasse avec le peigne les points et les fils de chanvre : ces derniers entrent dans l'intérieur du tissu et y demeurent absolument invisibles.

La coupure des anneaux de laine opérée par le tranche-fil laisse des bouts de laine d'une longueur inégale qui doivent être ébarbés avec les ciseaux à branches recourbées L (p. 66). Cette opération est difficile : la beauté du tapis dépend en grande partie de la précision avec laquelle la tonte est exécutée, et les ouvriers n'y réussissent pas au même degré.

Le fil de laine employé dans le velours se compose habituellement de six brins de tons différents, mais de valeur à peu près égale, s'harmonisant entre eux ; dans certains cas, ces brins sont portés jusqu'au nombre de neuf. La combinaison de ces nuances exige, de la part de l'ouvrier, une aptitude particulière pour le coloris ; il dessine avec ces brins de laine, comme le peintre avec son pinceau et sa palette, mais en procédant par points dont la plus grande superficie n'excède pas neuf millimètres carrés, et arrive, selon la nature du modèle, à de très-remarquables résultats ; on ne peut mieux les comparer qu'à ceux de la mosaïque : ce qui est possible à l'artiste mosaïste, sous le rapport du dessin, du modelé, du coloris, l'est également à l'artiste tapissier, avec cette différence toute à l'avantage de son œuvre, que les brins de laine vus par bout dont se compose la surface du velours, ne sont pas isolément aussi perceptibles à l'œil que chacun des cubes de marbre ou d'émail dont la mosaïque est formée.

Les ouvriers de la manufacture de la Savonnerie sont au nombre de quarante, dont trois élèves ; ils sont soumis au même régime que les autres tapissiers, c'est-à-dire qu'ils reçoivent un traitement annuel et qu'ils doivent produire un minimum de travail ; ils n'ont cessé d'être payés à la tâche qu'à l'époque de leur translation aux Gobelins. La moyenne de la production est à peu près celle qui existe dans l'atelier de tapisserie.

Le service des magasins occupe, pour les deux fabrications, huit personnes ordinairement choisies parmi les anciens artistes-ouvriers de la manufacture. Elle renferme en outre des écoles de dessin, de tapis et de tapisserie, et un atelier de rentraiture.

Les trois écoles sont sous la direction d'un professeur de dessin[1] auquel un ancien chef tapissier est adjoint pour suivre le travail des élèves de tapis. Des élèves libres du dehors sont admis, en assez grand nombre, à suivre les cours à l'école de dessin qui embrassent le dessin élémentaire, l'étude de l'antique et du modèle vivant. Ce dernier cours, supprimé en 1792, rétabli en 1828, supprimé en 1848, rétabli de nouveau en 1850, a lieu chaque année pendant quatre mois, du 1er novembre au 1er mars inclusivement. Quelques élèves apprennent de plus, à dessiner au pastel et à peindre; études très-utiles aux artistes-tapissiers.

Les écoles de tapisserie et de tapis remplacent très-avantageusement l'ancien mode d'instruction des apprentis qui étaient disséminés parmi les maîtres tapissiers et qui, au lieu d'être employés à de simples morceaux d'étude, étaient souvent placés sur les grandes pièces de tapisserie ou de tapis en cours d'exécution.

L'atelier de rentraiture occupe cinq personnes : un premier rentrayeur, deux anciens tapissiers rentrayeurs et deux ouvrières.

Le travail de cet atelier consiste à réunir ou *rentraire* les parties de tapis ou de tapisserie faites séparément, sur le métier, à refaire les parties déchirées trouées ou attaquées par les vers. Le rentrayeur fait à l'aiguille ce que le tapissier fait avec la broche ; il rétablit, en premier lieu, les portions de chaîne endommagées ou détruites et refait la trame avec des laines de couleurs assorties à la tapisserie en réparation.

1. Le titulaire actuel est M. Abel Lucas, peintre, ancien élève de l'école des Beaux-Arts et tapissier. M. Chaussey, ancien artiste-tapissier, lui est adjoint.

FIN.

LISTE

DES PEINTRES DES XVIIe ET XVIIIe SIÈCLES QUI ONT DONNÉ DES MODÈLES POUR LES MANUFACTURES DES GOBELINS ET DE LA SAVONNERIE.

ALEXANDRE, peintre d'histoire, XVIIe siècle.

ALLEGRAIN, né en 1670, mort en 1748, peintre de paysage.

SAINT-ANDRÉ (Simon-Bernard de), 1614-1677, peintre d'histoire.

ANGUIER, XVIIe siècle, architecture, ornements.

ARVIER, XVIIe siècle, fleurs, fruits, animaux.

AUDRAN (Claude), élève de Le Brun, frère du graveur, peintre d'histoire, XVIIe siècle.

BACHELIER (Jean-Jacques), 1724-1805, attaché à la manufacture de Sèvres.

BAUDOUIN (Pierre-Antoine), mort en 1770, peintre d'histoire.

BEAUFORT, XVIIIe siècle, peintre d'histoire.

BELLE (Clément-Louis), 1722-1806, élève de Le Moyne, surinspecteur de la manufacture des Gobelins, de 1755 à 1802, mort aux Gobelins.

BELLE (Augustin-Louis), 1757-1840, directeur, en 1793, et inspecteur de la manufacture des Gobelins, de 1802 à 1815.

BERTHELEMY (Jean-Simon), 1743-1811, élève de Noël Hallé, peintre d'histoire.

BERTIN (Nicolas), 1667-1736, élève de Vernansal, le père, de Jouvenet, et Boullogne aîné, peintre d'histoire.

BEVILLE, XVIIIe siècle, ornements, fleurs et fruits.

BOELS, XVIIIe siècle, animaux.

BONNARD, né en 1646, élève de Van der Meulen, peintre d'histoire et de paysage.

BONNEMER, XVIIe siècle, peintre d'histoire.

BOULLOGNE (Bon), 1649-1717, peintre d'histoire.

BOULLOGNE (Louis), 1654-1733, premier peintre du roi.

BRENET, 1729-1792, peintre d'histoire.

LE BRUN (Charles), 1613-1690, premier peintre du roi, directeur de la manufacture des Gobelins.

CALLET (Antoine-François), 1741-1823, peintre d'histoire.

CARRÉ, XVIIe siècle, animaux.

CASSAS (Louis-François), 1756-1827, inspecteur de la manufacture des Gobelins.

CAUVIN, XVIIIe siècle, peintre de fleurs.

CHASTELAIN, 1674-1755, inspecteur de la manufacture des Gobelins, de 1718 à 1752, peintre de paysage.

CHAVANNES (Domachin de), 1672-1744, mort à la manufacture des Gobelins, peintre de paysage.

CHEUREUILLE, XVIIIe siècle, peintre d'histoire.

CHRISTOPHE, 1667-1748, peintre d'histoire.

COLLIN DE VERMONT, 1693-1761, peintre d'histoire.

CORNEILLE (Michel), 1642-1728, peintre d'histoire.

Corneille (Jean-Baptiste), 1646-1676, peintre d'histoire.

Courant, XVIIe siècle, peintre d'histoire.

Coypel (Noël), 1628-1707, peintre d'histoire.

Coypel (Antoine), fils du précédent, 1661-1722, premier peintre du roi.

Coypel (Noël-Nicolas), fils de Noël, 1688-1734.

Coypel (Charles-Antoine), fils d'Antoine, 1694-1752, premier peintre du roi.

Delarque, XVIIIe siècle, peintre d'ornements.

Dequoy, XVIIIe siècle, paysage.

Desportes (François), 1661-1743, peintre de chasse, paysage, animaux, nature morte; a fait des dessins coloriés pour des tapis, paravents et autres meubles fabriqués à la manufacture de la Savonnerie.

Dieu (Antoine), 1662-1727, peintre d'histoire.

Le Doyen (Gabriel-François), 1726-1806, peintre d'histoire.

Dubois, XVIIIe siècle, peintre d'histoire; a fait des modèles pour les manufactures d'Aubusson et Felletin.

Duhamel, XVIIIe siècle, peintre d'ornements.

Dulin, 1670-1748, peintre d'histoire.

Duménie, XVIIIe siècle, peintre d'histoire.

Dumont, XVIIIe siècle, attaché aux manufactures d'Aubusson et Felletin.

Le Febvre, 1633-1677, élève de Le Brun et de Lesueur, peintre d'histoire.

De Fontenay père, 1651-1715, peintre de fleurs; a fait des dessins de tapis pour la Savonnerie.

De Fontenay fils, XVIIIe siècle, fleurs et ornements.

De la Fosse, 1640-1716, élève de Le Brun, histoire.

Fragonard (Nicolas), 1732-1806, élève de Boucher.

Garnier (Jean), 1632-1705, peintre de fleurs, fruits et animaux.

Genoels, XVIIe siècle, peintre d'histoire.

Hallé (Claude-Guy), 1651-1736, peintre d'histoire.

Hallé (Noël), 1711-1781, élève de Restout, attaché à la manufacture des Gobelins.

Hérault, XVIIe siècle, peintre d'histoire.

Houasse, 1645-1707, élève de Le Brun, et de Van der Meulen.

Huet, 1770, peintre d'histoire naturelle, attaché au Muséum d'histoire naturelle.

Jacque, XVIIIe siècle, peintre d'ornements.

Jollain, XVIIIe siècle, peintre d'histoire.

Jouvenet, 1644-1717, peintre d'histoire.

Lagrenée aîné, 1724-1805, peintre d'histoire.

Lagrenée jeune, 1740-1821, attaché pendant quelque temps à la manufacture de Sèvres.

Lemire, XVIIe siècle, peintre d'architecture et d'ornements.

Lemonnier, 1743-1824, élève de Vien, peintre d'histoire, directeur de la manufacture des Gobelins, de 1811 à 1815.

Lépicié, 1733-1784, élève de Carle Van Loo.

De Licherie, mort en 1687, élève de Le Brun, peintre d'histoire.

Van Loo (Amédée), 1712, peintre d'histoire.

Van Loo (Carle), 1704-1765, peintre d'histoire.

Malaine, XVIIIe siècle, peintre de fleurs, attaché à la manufacture des Gobelins, de 1786 à 1792.

Martin (Jean-Baptiste), 1659-1735, peintre de batailles, attaché à la manufacture des Gobelins.

Martin le jeune, élève de Van der Meulen, paysage.

Mathieu père, mort en 1674, peintre d'histoire.

Mathieu fils, mort en 1718, inspecteur de la manufacture des Gobelins, de 16.. à 1718.

Melun (de), xviie siècle, histoire, batailles et paysage.

Ménageot, 1744-1816, élève de Boucher, peintre d'histoire.

Meulen (Van der), 1634-1690, batailles, paysage.

Mignard (Pierre), 1610-1695, premier peintre du roi, directeur de la manufacture des Gobelins, de 1690 à 1695.

Moilon, mort en 1667, travaille presque exclusivement aux modèles de tapisseries.

Monoyer (Baptiste), 1635-1699, peintre de fleurs, inspecteur de la manufacture des Gobelins.

Montagne, 1631, peintre d'histoire, de portraits, de marines.

Mosnier (Pierre), xviie siècle, peintre d'histoire.

Le Moyne (François), 1688-1737, premier peintre du roi.

Natoire, 1700-1777, élève de Le Moyne.

De Neufmaisons, xviiie siècle.

Nicasius, mort en 1677, élève de Sneyders, peintre d'animaux.

Oudry, 1686-1755, élève de Largillière, peintre de chasses, paysage, directeur de la manufacture de Beauvais, nommé en 1717.

Paillet (Antoine), 1659-1734, peintre d'histoire.

Parrocel (Charles), 1690-1752, mort à la manufacture des Gobelins, peintre de batailles.

Perrin, xviie siècle, peintre d'histoire.

Perrault, xviiie siècle, peintre d'ornements.

Peyron, 1744-1815, peintre d'histoire, inspecteur de la manufacture des Gobelins, de 1785 à 1793.

Pierre (Jean-Baptiste-Marie), 1714-1789, élève de Natoire et de de Troy, premier peintre du roi, directeur de la manufacture des Gobelins, de 1780 à 1789.

Poerson (Charles), 1652-1725, peintre d'histoire.

Du Rameau (Louis), 1733-1796, peintre d'histoire.

Regnault, 1754-1829, peintre d'histoire.

Restout (Jean), 1692-1768, peintre d'histoire.

Revel, 1643-1712, peintre d'histoire.

De Sève le jeune, 1617-1698, peintre d'histoire.

Suvée, xviiie siècle, peintre d'histoire.

Taraval (Hugues), 1728-1785, mort à la manufacture des Gobelins dont il était inspecteur.

Testelin (Henri), 1616-1695, peintre de portraits et d'histoire.

De Troy, 1645-1730, élève de Nicolas Loir, peintre d'histoire.

Vernansal, xviie siècle, élève de Le Brun, peintre d'histoire.

Verdier, 1651-1730, neveu et élève de Le Brun, peintre d'histoire.

Vien (Joseph-Marie), 1716-1789, peintre d'histoire.

Vincent (François-André), 1746-1816, élève de Vien, peintre d'histoire.

Yvart le père, xviie siècle, peintre d'histoire.

Yvart le fils, xviiie siècle, peintre d'histoire, inspecteur de la manufacture des Gobelins.

LISTE

DES CHEFS D'ATELIER ENTREPRENEURS[1] DE LA MANUFACTURE DES GOBELINS, DE 1667 A 1792, ÉPOQUE DE LEUR SUPPRESSION.

JANS..........	1667—1731[2].	
LEFEBVRE	1667—1700 ;	son fils lui est associé vers 1699.
DE LA CROIX. .	1667—1714.	
DE LA CROIX fils	1667—1737.	
DE LA FRAYE...	1667—1729.	
SOUHETTE......	1667—1724 ;	disparait des comptes, en juin 1724.
LEFEBVRE fils . .	1701—1736 ;	associé à son père dès 1699.
LE BLOND	1701—....	n'était plus entrepreneur en 1753.
DE LA TOUR ...	1703—1734.	
MONMERQUÉ. ..	1730—....	n'était plus entrepreneur en 1753
AUDRAN	1733—1772 ;	
COZETTE	1736—1792 ;	
NEILSON... ...	1749—1788 ;	
NEILSON fils....	....—1780 ;	adjoint à son père ; meurt en 1780.
AUDRAN fils. ..	1772—1792 ;	nommé directeur le 4 septembre 1792.
COZETTE fils ..	1788—1792 ;	conservé comme chef d'atelier en 1792.

1 Toutes les pièces de tapisserie portaient, dans le tissu même, le nom de l'entrepreneur qui les avait fabriquées.

2. Ces deux dates sont celles de l'entrée en fonctions et de la retraite de chaque entrepreneur

CATALOGUE

DES TAPISSERIES ET DES TAPIS

QUI DÉCORENT LES SALLES D'EXPOSITION DE LA MANUFACTURE DES GOBELINS [1].

1. Le Parnasse, d'après Raphaël (fragment, côté gauche).
2. *Idem* (fragment, côté droit).
3. L'École d'Athènes (fragment).
4. Le Triomphe des Dieux (Bacchus) d'après Raphaël.
5. *Idem* pour entre-fenêtres.
6. Bataille de Constantin contre Maxence, d'après Raphaël et Jules Romain (fragment, côté gauche).
7. Le Jugement de Pâris, d'après Raphaël (les draperies d'après Corneille l'aîné).
8. Incendie, fragment des batailles de Scipion, d'après Jules Romain.
9. Portière à fond d'or représentant l'hiver sous la figure de Saturne.
10. *Idem* à fond de soie représentant la Musique.
11. Musique de bergers, d'après Jules Romain, par Boullogne (Louis).
12. Arabesques d'après Hallé et Boullogne l'aîné; fragments décorant deux portes des salles d'exposition.
13. Arabesques, d'après les mêmes, représentant des sujets de musique.
14. Arabesques, d'après les mêmes, représentant des dévidoirs et les travaux de la teinturerie des Gobelins.
15. Thermes doubles pour entre-fenêtres, d'après Le Brun.
16. Thermes simples représentant des enfants.
17. Bataille d'Alexandre, Porus vaincu, d'après Le Brun (fragment).
18. Entrée d'Alexandre à Babylone, d'après Le Brun.
19. La Famille de Darius aux pieds d'Alexandre, d'après Le Brun.
20. Les Taureaux, pièce dite des Indes, d'après Desportes.
21. Cheval dévoré par des loups, d'après Sneyders.
22. Paysage, fleurs, fruits et gibier, d'après Desportes.
23. Sujet de même nature, d'après Desportes.
24. Portrait de Charles Le Brun, d'après Largillière.

[1] Le défaut d'étendue des salles d'exposition ne permet qu'une exposition successive des tapisseries désignées dans le catalogue.

25. Le Cerf forcé, d'après Lucas de Leyde (tapisserie de Flandre
26. Combat de coqs, d'après Desportes.
27. Chien en arrêt, d'après le même.
28. Le Loup et l'Agneau, *id.*
29. La Lice et sa compagne, *id.*
30. Enlèvement de Proserpine par Pluton, d'après Vien.
31. Portière ou fond de dais avec armoiries.
32. Intérieur d'un sérail, la Toilette, d'après Amédée Van Loo
33. Débarquement de Cléopâtre (fragment).
34. Portière à fond jaune, d'après Boucher.
35. Vénus aux forges de Vulcain, d'après Boucher.
36. Triomphe d'Amphitrite, d'après Hugues Taraval.
37. Aminthe et Sylvie, d'après le même.
38. Enlèvement d'Orithye, par Borée, d'après Vincent.
39. Zeuxis choisissant un modèle pour peindre Hélène, d'après Vincent.
40. Le Cheval rayé, l'Éléphant, le Tigre, etc., pièce dite des Indes, d'après Desportes.
41. Combat de Mars et de Diomède, d'après le Doyen.
42. Méléagre entouré de sa famille qui le supplie de prendre les armes pour repousser les ennemis prêts à se rendre maîtres de la ville de Calidon, d'après Ménageot.
43. Don Quichotte servi par les dames, d'après Charles Coypel.
44. Pierre le Grand sur le lac de Ladoga, d'après Steuben.
45. La conjuration des Strelitz, par le même.
46. Pyrrhus prenant Andromaque sous sa protection, d'après Guérin.
47. Phèdre et Hippolyte, d'après le même.
48. Piété filiale ou offrande à Esculape, d'après le même.
49. Mercure, d'après Belle (Clément Louis).
50. Sommeil de Renaud, d'après le même.
51. Clytie changée en fleur, d'après le même.
52. Adieux d'Hector et d'Andromaque, d'après Vien.
53. Saint Remy, d'après le carton de M. Ingres.
54. Sainte Bathilde, d'après M. Ingres.
55. Le Christ au tombeau, d'après Sébastien del Piombo (fragment).
56. La Vierge au poisson, d'après Raphaël.
57. Sainte Clotilde, d'après Blondel.
58. Jeanne d'Arc, d'après le même.
59. Palais de Pau, d'après Alaux et Couderc.
60. Palais de Saint-Cloud, d'après les mêmes.
61. Cleombrote et Chélonis, d'après Lemonnier.
62. Marie-Antoinette entourée de ses enfants, d'après Mme Le Brun.
63. Les pestiférés de Jaffa, d'après Gros.
64. Psyché et l'Amour, d'après Raphaël.
65. Le Printemps, d'après M. Steinheil (imitation de Lancret).
66. L'Automne, d'après le même (*idem*).
67. Bonaparte donnant ses ordres le matin de la bataille d'Austerlitz, d'après Vernet (Horace) (fragment, côté gauche, moitié du tableau).

68. Napoléon donnant la croix à un soldat russe (fragment, d'après Debret, élève de David, côté gauche, moitié du tableau).
69. Les soldats du 76e régiment de ligne retrouvant leurs drapeaux dans l'arsenal d'Inspruck, d'après Meynier (fragment, le tiers du tableau).
70. Napoléon passant la revue des députés de l'armée, d'après Serangeli (fragment, les deux tiers du tableau).
71. Clémence de Napoléon envers la princesse Hatzfeld, d'après Charles de Boisfremont (fragment, les trois quarts du tableau).
72. Le traité de Léoben, d'après Lethière-Guillon (fragment, moitié du tableau).
73. La prise de Vienne, d'après Girodet-Trioson (fragment, moitié du tableau).
74. Entrevue des empereurs Napoléon et Alexandre sur le Niémen, d'après Gautherot (fragment, les deux tiers du tableau).
75. Entrevue de Napoléon et de la reine de Prusse à Tilsitt, d'après Berton (fragment, les deux tiers du tableau).
76. Bonaparte pardonnant aux révoltés du Caire, d'après Guérin (fragment, les deux tiers du tableau).
77. Paix de Tilsitt (fragment, la moitié du tableau).
78. Les Ambassadeurs persans, d'après Mulard (le tiers du tableau).
79. Même sujet.

Tapisseries en cours d'exécution.

80. Bordure pour les galeries de Versailles, d'après Alaux et Couderc.
81. *Idem.* *Idem.*
82. Le château de Fontainebleau, *Idem.*
83. Saint Paul et saint Barnabé à Lystra, d'après Raphaël.
84. Jupiter et l'Amour, d'après Raphaël.
85. Adieux de Vénus à Cérès et à Junon, d'après Raphaël.
86. Pêche miraculeuse, d'après Raphaël.
87. La Transfiguration, d'après Raphaël.
88. L'assemblée des Dieux, partie de la décoration du palais Farnèse, d'après Raphaël.

PRODUITS DE LA MANUFACTURE DE LA SAVONNERIE

Dans les salles d'exposition.

89. Feuille de paravent représentant des tigres, exécutée en 1795.
90. Feuille de paravent représentant des renards sur un fond de paysage, excuté en 1799.
91. Écran, bouquet de fleurs.
92. Fauteuil, siége et dossier.
93. Étude de chien de chasse, d'après Desportes.
94. *Idem.* *Idem.*

En cours d'exécution.

95. Un grand tapis, d'après MM. Séchan et Diéterle.
96. Autre tapis, d'après M. de Saint-Ange.
97. *Idem*, par le même.
98. Chaises et fauteuils, d'après MM. Godefroy et Chabal.

ERRATA.

Page 31, 4ᵉ ligne de la première note; au lieu de : *M. Duvivier Saint-Ange fut nommé...* lisez : M. Duvivier fut nommé directeur particulier de la savonnerie; son fils, M. Duvivier (Saint-Ange), lui succéda, en 1807, et remplit ces fonctions jusques en 1826, époque de la réunion, etc.

Page 36; 5ᵉ ligne; au lieu de *Sous-Inspecteur*, lisez : Sur-inspecteur.

Page 45; 5ᵉ ligne de la note 2; au lieu de *: que les distributions qu'on se propose,* lisez : que la distribution qu'on se propose, etc.

Page 52; 2ᵉ alinéa; au lieu de 1849, lisez 1850.

Même page, 3ᵉ alinéa, au lieu de 1850, lisez 1848.

Page 53; 23ᵉ ligne; au lieu de : *en* 1850, lisez : en 1851.

Page 56; 2ᵉ ligne de la seconde note; au lieu de : *on a reconnu qu'il y a avantage,* lisez : on a reconnu qu'il y avait avantage.

Page 61; 20ᵉ ligne, après ces mots : *la fidélité de la traduction,* lisez : les grands contours se prennent au moyen d'un voile de gaze appliqué d'abord au modèle, puis au devant de la chaîne, sur laquelle ils se décalquent par derrière, en marquant le trait, avec un crayon rouge ou noir, à la rencontre de chaque fil. On complète le dessin, au fur et à mesure de l'avancement de la tapisserie; cette opération se fait par parties, etc.

Page 70; 5ᵉ ligne, au lieu de *: ancien chef tapissier,* lisez: ancien artiste tapissier.

Page 77, à l'article 81; lisez : le Palais-National, *idem.*

TABLE DES MATIÈRES.

IMPRIMERIE DE CHAPELET, RUE DE VAUGIRARD

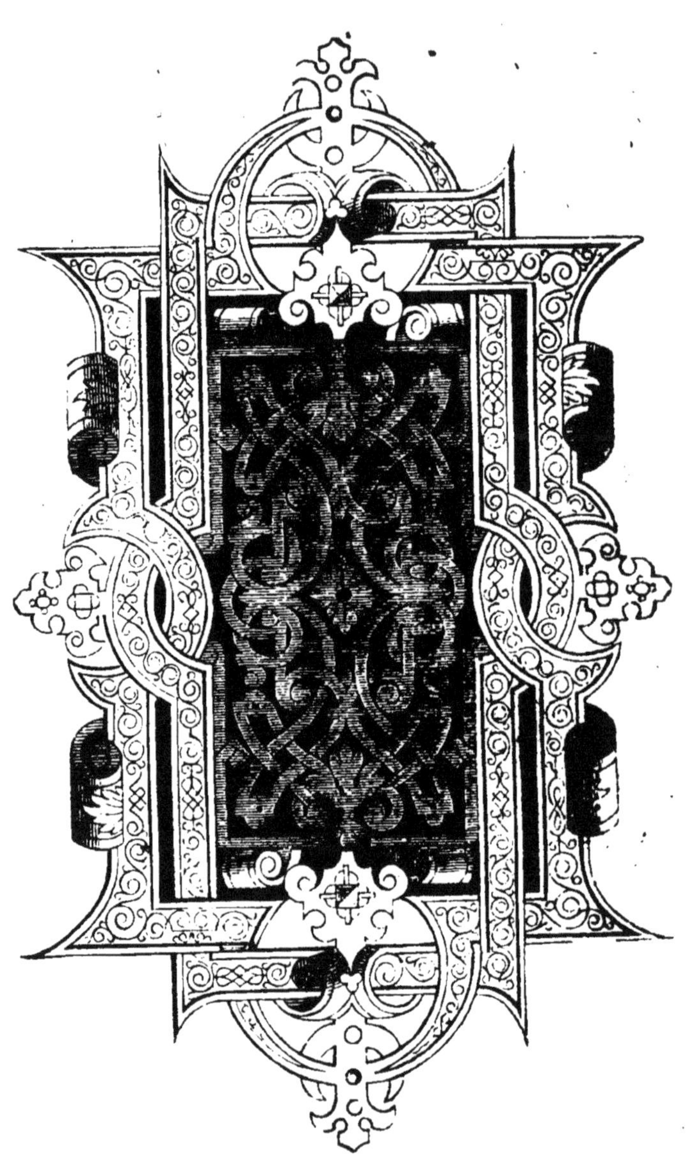

DE L'IMPRIMERIE DE CRAPELET, RUE DE VAUGIRARD, 9.

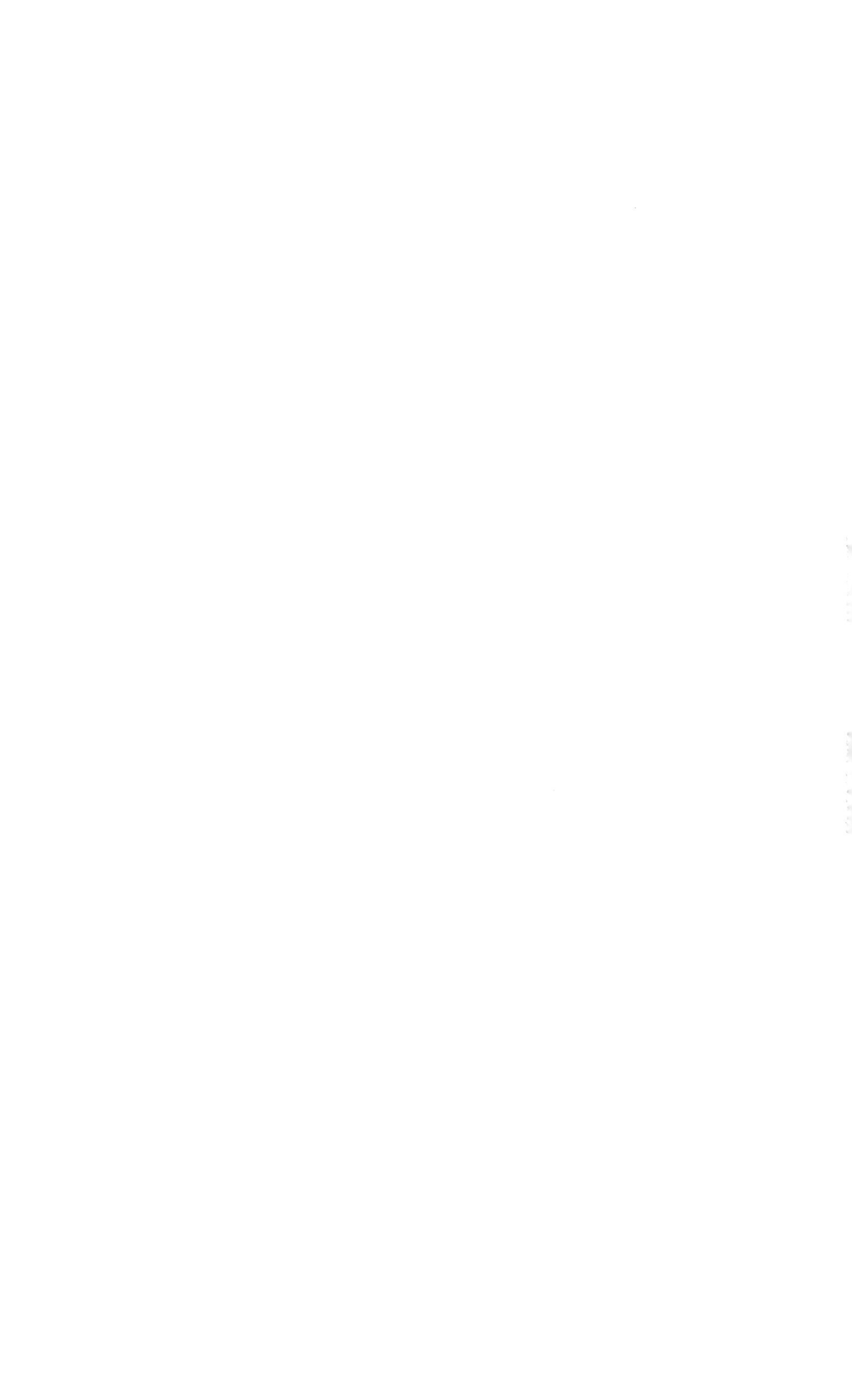

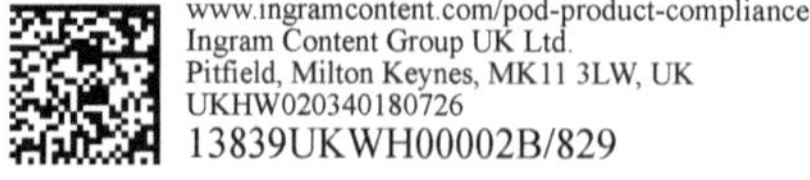
www.ingramcontent.com/pod-product-compliance
Ingram Content Group UK Ltd.
Pitfield, Milton Keynes, MK11 3LW, UK
UKHW020340180726
13839UKWH00002B/829

9 782329 604893